Para saber
ENVELHECER e
A AMIZADE

CÍCERO

Para saber ENVELHECER e A AMIZADE

Tradução
Fábio Meneses dos Santos

Principis

Esta é uma publicação Principis, selo exclusivo da Ciranda Cultural
© 2021 Ciranda Cultural Editora e Distribuidora Ltda.

Traduzido do inglês
Treatises on Friendship and Old Age,
traduzido para o inglês por E. S. Shuckburgh

Texto
Marco Túlio Cícero

Tradução
Fábio Meneses dos Santos

Revisão
Renata Daou Paiva

Produção editorial
Ciranda Cultural

Diagramação
Linea Editora

Design de capa
Ana Dobón

Imagens
Bruce Rolff/shutterstock.com;
Singleline/shutterstock.com

Dados Internacionais de Catalogação na Publicação (CIP) de acordo com ISBD

C568p	Cícero, Marco Túlio
	Para Saber Envelhecer e A Amizade / Marco Túlio Cícero ; traduzido por Fábio Meneses dos Santos. - Jandira, SP : Principis, 2021. 96 p. ; 15,5cm x 22,6cm. - (Clássicos da literatura mundial)
	Tradução de: Treatises on Friendship and Old Age ISBN: 978-65-5552-530-4
	1. Filosofia. 2. Marco Túlio Cícero. 3. Cícero. 4. Filosofia antiga. I. Santos, Fábio Meneses dos. II. Título. III. Série.
2021-1973	CDD 180 CDU 1(091)

Elaborado por Vagner Rodolfo da Silva - CRB-8/9410

Índice para catálogo sistemático:
1. Filosofia antiga 180
2. Filosofia antiga 1(091)

1ª edição em 2021
www.cirandacultural.com.br
Todos os direitos reservados.
Nenhuma parte desta publicação pode ser reproduzida, arquivada em sistema de busca ou transmitida por qualquer meio, seja ele eletrônico, fotocópia, gravação ou outros, sem prévia autorização do detentor dos direitos, e não pode circular encadernada ou encapada de maneira distinta daquela em que foi publicada, ou sem que as mesmas condições sejam impostas aos compradores subsequentes.

SUMÁRIO

Nota introdutória 7
Sobre a velhice 13
Sobre a amizade 53

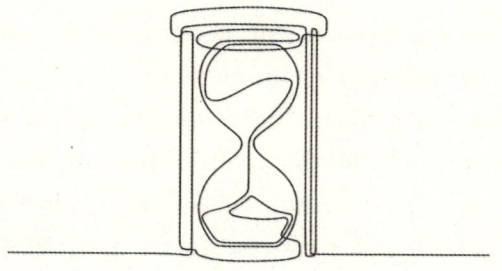

Nota introdutória

Marcus Tullius Cicero, o maior dos oradores romanos e o principal mestre do estilo da prosa latina, nasceu em Arpino, em 3 de janeiro de 106 a.C. Seu pai, que era um homem de posses e pertencia à classe dos "Cavaleiros", mudou-se para Roma quando Cícero era criança; e o futuro estadista recebeu uma educação criteriosa em Retórica, Direito e Filosofia, estudando e praticando com alguns dos professores mais notáveis da época. Começou sua carreira como advogado aos 25 anos e quase imediatamente foi reconhecido, não apenas como um homem de talentos brilhantes, mas também como um defensor corajoso da justiça diante de graves perigos políticos. Após dois anos de prática, ele deixou Roma para viajar pela Grécia e pela Ásia, aproveitando todas as oportunidades que se ofereceram para aprimorar sua arte estudando com mestres ilustres. Retornou a Roma com sua saúde e habilidade profissional muito aprimorados, e em 76 a.C. foi eleito para o cargo de questor[1]. Foi designado para a província de Lilibeu, na Sicília, onde o vigor e a justiça de sua administração conquistaram a

---

[1] Questor era o funcionário público da Roma Antiga responsável pelas receitas e despesas públicas. (N.T.)

gratidão dos habitantes. Foi a pedido deles que assumiu, em 70 a.C., a acusação contra Caio Verres, que, como pretor[2], havia submetido os sicilianos a incríveis extorsões e opressões; e sua conduta bem-sucedida neste caso, que culminou na condenação e banimento de Verres, pode-se dizer que o lançou em sua carreira política. Ele se tornou edil[3] no mesmo ano, em 67 a.C. pretor, e em 64 a.C. foi eleito cônsul por ampla maioria. O acontecimento mais importante do ano de seu consulado foi a conspiração de Catilina. Este notório criminoso, patrício de posição social, conspirou com uma série de outros pares, muitos deles jovens de boa origem mas de caráter duvidoso, para tomar os principais cargos do Estado e se livrarem das dificuldades pecuniárias e de outros encargos que resultaram de seus excessos na pilhagem indiscriminada da cidade. A trama foi desmascarada pela vigilância de Cícero, cinco dos traidores foram sumariamente executados e, na derrubada do exército que se reunira em apoio aos conspiradores, o próprio Catilina morreu. Cícero se considerava o salvador de seu país, e seu país, naquele momento, parecia concordar, com imensa gratidão.

Mas os reveses estavam próximos. Durante a existência da combinação política entre Pompeu, César e Crasso, conhecida como o primeiro triunvirato, Públio Clódio, um inimigo de Cícero, propôs uma lei banindo "qualquer um que tivesse condenado cidadãos romanos à morte sem julgamento". Essa foi dirigida a Cícero por causa de sua participação no caso Catilina, e em março de 58 a.C., ele deixou Roma. No mesmo dia foi aprovada uma lei pela qual ele foi banido nominalmente, e suas propriedades foram saqueadas e destruídas, e um templo à Liberdade foi erguido no local de sua casa na cidade. Durante seu exílio, o vigor de Cícero até certo ponto o abandonou. Ele vagou de um lugar para outro, buscando a proteção de funcionários contra o seu assassinato, escrevendo cartas exortando seus partidários a agirem por sua revogação, às vezes acusando-os de

---

[2] Pretor era o magistrado que administrava a justiça na Roma Antiga. (N.T.)
[3] Edil, na Roma Antiga, era o funcionário ou magistrado cuja função era observar e garantir o bom estado e funcionamento de edifícios e outras obras e serviços públicos ou de interesse comum, como ruas e o tráfego, abastecimento de gêneros e de água, condições de culto e prática religiosa, etc. Assemelha-se à função de um Vereador dos tempos atuais. (N.T.)

indiferença e até de traição, lamentando a ingratidão de seu país ou lamentando o curso da ação que o levou à sua proscrição, e sofrendo de extrema depressão por causa da separação de sua esposa e filhos e do naufrágio de suas ambições políticas. Finalmente, em agosto de 57 a.C., foi aprovado o decreto para sua reabilitação, e ele voltou a Roma no mês seguinte, sendo recebido com imenso entusiasmo popular. Durante uns poucos anos que se seguiram, a renovação do entendimento entre os triúnviros excluiu Cícero de qualquer protagonismo político, e ele retomou sua atividade nos tribunais, sendo seu caso mais importante, talvez, a defesa de Milo pelo assassinato de Clódio, o inimigo mais incômodo de Cícero. Essa sustentação oral, na forma revisada em que chegou até nós, é classificada como uma das melhores amostras da arte do orador, embora em sua proclamação original não tenha conseguido a absolvição de Milo. Nesse ínterim, Cícero também dedicava muito tempo à composição literária, e suas cartas mostram grande desânimo com a situação política e uma atitude um tanto vacilante em relação aos vários membros do Estado. Em 55 a.C. foi para a Cilícia, na Ásia Menor, como procônsul, cargo que administrou com eficiência e integridade nos assuntos civis e com sucesso entre as forças armadas. Ele retornou à Itália no final do ano seguinte, e foi publicamente agradecido pelo Senado por seus serviços, mas decepcionado em suas esperanças de triunfo. A guerra pela supremacia entre César e Pompeu, que por algum tempo estava se tornando cada vez mais certa, estourou em 49 a.C., quando César liderou seu exército através do Rubicão, e Cícero, depois de muita indecisão, se juntou a Pompeu, que foi derrubado no ano seguinte na batalha de Farsala e, mais tarde, assassinado no Egito. Cícero voltou para a Itália, onde César o tratou com magnanimidade, e por algum tempo ele se dedicou à escrita filosófica e retórica. Em 46 a.C. divorciou-se de sua esposa Terência, com quem estivera casado por trinta anos e se uniu com a jovem e rica Publília para se livrar das dificuldades financeiras; mas dela também logo se divorciou. César, que agora se tornara supremo em Roma, foi assassinado em 44 a.C., e embora Cícero não tivesse nenhuma participação na conspiração, parece ter aprovado o feito. Na confusão que se seguiu, ele apoiou a causa dos conspiradores contra Marco Antônio; e quando finalmente o triunvirato de Marco Antônio, Otávio e Lépido foi estabelecido, Cícero foi incluído entre os proscritos e, em 7 de dezembro de 43 a.C., foi morto por agentes de Antônio. Sua cabeça e mãos foram cortadas e exibidas por toda a Roma.

Os discursos mais importantes dos últimos meses de sua vida foram os catorze "Filipenses" proferidos contra Marco Antônio, e o preço dessa inimizade ele pagou com a própria vida.

Para seus contemporâneos, Cícero foi principalmente o grande orador político e forense de seu tempo, e os cinquenta e oito discursos que chegaram até nós testemunham a habilidade, sagacidade, eloquência e paixão que lhe conferiram sua preeminência. Mas esses discursos necessariamente lidam com os detalhes minuciosos das ocasiões que os evocaram, e assim requerem para sua apreciação um conhecimento completo da história, política e pessoas da época. As cartas, por outro lado, são menos elaboradas tanto no estilo quanto no manejo dos acontecimentos, ao passo que servem para revelar sua personalidade e lançar luz sobre a vida romana nos últimos dias da República de forma extremamente viva. Cícero como homem, apesar de sua presunção, da vacilação de sua conduta política em crises desesperadoras e do desânimo lamurioso de seus tempos de adversidade, destaca-se, no fundo, como um romano patriótico de grande honestidade, que deu a vida para combater a queda inevitável da nação à qual ele era devotado. Os males que estavam minando a República guardam tantas semelhanças marcantes com aqueles que ameaçam a vida cívica e nacional dos Estados Unidos da América hoje[4] que o interesse pelo período não é meramente histórico.

Como filósofo, a função mais importante de Cícero foi familiarizar seus conterrâneos com as principais escolas do pensamento grego. Muitos desses escritos são, portanto, de interesse secundário para nós, em comparação

---

[4] Essa observação do autor se refere ao ano de 2009, no período conturbado na política dos Estados Unidos ao final do governo do presidente George W. Bush e primeiro ano do primeiro mandato do presidente Barack Obama. (N.T.)

com seus originais, mas nos campos da teoria religiosa e da aplicação da filosofia à vida, ele fez importantes contribuições de primeira mão. Destas obras, foram selecionados os dois tratados, Saber envelhecer e A amizade, que se mostraram do mais permanente e difundido interesse para a posteridade, e que dão uma impressão clara da maneira como um romano nobre pensava sobre alguns dos principais problemas da vida humana.

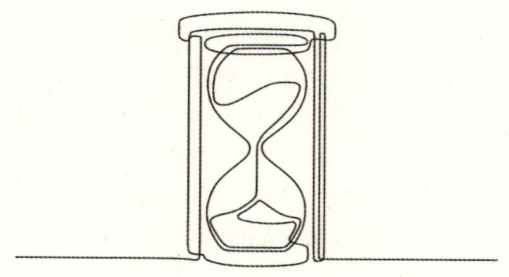

Sobre a velhice

1.

E se meu serviço, Tito, aliviar o peso
Do cuidado que torce seu coração, e remove o aguilhão
Que ali se cravou, que recompensa deve haver?

Porque posso me dirigir a você, Ático, nos termos em que Flamínio ouviu do homem,

que, pobre em riqueza, era rico em ouro de honra,

embora eu esteja bem certo de que você não seja como foi Flamínio,

mantido sob a proteção de cuidados noite e dia.

Pois eu sei quão bem ordenada e equilibrada é sua mente, e estou plenamente ciente de que não foi apenas um sobrenome que você trouxe de Atenas, mas sua cultura e bom senso. E, no entanto, tenho a impressão de que às vezes você é tocado no coração pelas mesmas circunstâncias que eu.

Consolá-lo por isso é um assunto mais sério e deve ser adiado para outro momento. Por ora, resolvi dedicar a você um ensaio sobre a velhice. Pois do peso da idade iminente ou pelo menos avançada, comum a nós dois, eu faria algo para nos aliviar, embora quanto a você, eu esteja plenamente ciente de que o apoia e seguirá apoiando, como faz com tudo o mais, com calma e filosofia. Mas logo que resolvi escrever sobre a velhice, você imediatamente me ocorreu como merecedor de um presente do qual nós dois poderíamos tirar proveito. Para mim, de fato, a composição deste livro foi tão prazerosa, que não apenas eliminou todos os aspectos desagradáveis da velhice, mas a tornou também luxuriosa e deliciosa. Nunca, portanto, a filosofia pode ser elogiada tanto quanto merece, considerando que seu discípulo fiel é capaz de passar todos os períodos de sua vida com sentimento de serenidade. No entanto, falei amplamente sobre outros assuntos, e devo frequentemente falar novamente: este livro que aqui envio a você é sobre a velhice. Não coloquei todo o discurso, como fez Alisto de Cos, na boca de Titônio, pois uma mera fábula careceria de convicção, mas no de Marco Catão quando ele era um homem idoso, para dar mais peso ao meu ensaio. Represento Lélio e Cipião em sua casa expressando surpresa por ter levado seus anos tão levemente, e Catão respondendo a eles. Se ele parece mostrar um pouco mais de aprendizado neste discurso do que geralmente o fez em seus próprios livros, atribua-o à literatura grega, da qual se apreende que ele se tornou um estudante ávido em sua velhice. Mas que necessidade de mais? As próprias palavras de Catão explicam imediatamente tudo o que sinto sobre a velhice.

M. Catão. Públio Cornélio Cipião Africano (o mais jovem). Caio Lélio.

2.

CIPIÃO

Muitas vezes, em conversa com meu amigo Caio Lélio, aqui expressei minha admiração, Marco Catão, pela eminente, não perfeita, sabedoria demonstrada por você em todos os pontos, mas acima de tudo porque percebi que a velhice nunca pareceu um fardo para você, enquanto para a maioria dos velhos é tão odiosa, a ponto de se declararem sob uma carga mais pesada do que o Etna.

CATÃO

Parece que sua admiração é facilmente animada, meus caros Cipião e Lélio. Os homens, é claro, que não têm recursos próprios para garantir uma vida boa e feliz, consideram cada idade um fardo. Mas aqueles que buscam toda a felicidade de dentro, nunca pensam em nada de ruim que a natureza possa tornar inevitável. Nessa categoria, antes de qualquer outra coisa, vem a velhice, que todos desejam atingir, mas contra a qual todos reclamam quando a alcançam. Essa é a inconsistência e irracionalidade da insensatez! Eles dizem que está roubando sua energia mais rápido do que esperavam. Em primeiro lugar, quem os obrigou a abraçar uma ilusão? Pois em que aspecto a velhice roubou da vida adulta, mais rápido do que a vida adulta roubou, por sua vez, da infância? Em seguida, de que maneira a velhice teria sido menos desagradável para eles se estivessem na casa dos oitocentos anos do que nos oitenta? Pois seu passado, por mais longo que fosse, uma vez que estivesse no passado, não teria consolo para uma velhice estúpida. Portanto, se for de seu desejo admirar minha sabedoria, e gostaria que fosse digna de sua boa opinião e de meu próprio sobrenome de sábio, ela consiste realmente no fato de que sigo a natureza, a melhor das guias, como faria um deus, e sou leal às suas ordens. Não é provável, se ela escreveu bem o resto da peça, que tenha sido descuidada com o último ato, como faria um poeta preguiçoso. Mas, afinal, alguns "últimos" seriam inevitáveis, assim como para os frutos de uma árvore e os frutos da terra, chega na plenitude do tempo um período de decadência e queda. Um homem sábio não fará queixa disso. Rebelar-se contra a natureza não seria lutar, como fizeram os gigantes, contra os deuses?

LÉLIO

E, no entanto, Catão, você nos fará um grande favor (atrevo-me a falar por Cipião como por mim mesmo), já que todos nós esperamos, ou pelo menos desejamos, envelhecer, se nos permitir aprender com você um bom tempo antes que chegue, por quais métodos podemos adquirir mais facilmente a força para suportar o fardo da idade avançada.

CATÃO

Farei isso sem dúvida, Lélio, especialmente se, como você diz, for agradável para vocês dois.

LÉLIO

Desejamos muito, Catão, se não for problema para você, poder ver a natureza do limite que você alcançou depois de completar uma longa jornada, por assim dizer, na qual nós também devemos embarcar.

3.

CATÃO

Farei o melhor que puder, Lélio. Muitas vezes tive a sorte de suportar as queixas de meus contemporâneos, como a vontade de gostar, você sabe, de acordo com o velho provérbio, queixas às quais homens como C. Salinador e Sp. Albino, que ocupavam uma posição consular na minha época, costumavam dar vazão. Eles eram, primeiro, os que haviam perdido os prazeres dos sentidos, sem os quais eles não consideravam a vida como vida; e, em segundo lugar, que foram negligenciados por aqueles de quem haviam sido acostumados a receber atenções. Esses homens parecem colocar a culpa na coisa errada. Pois, se tivesse sido culpa da velhice, esses mesmos infortúnios teriam se abatido sobre mim e todos os outros homens de idade avançada. Mas eu conheci muitos deles, que nunca disseram uma palavra de reclamação contra a velhice; pois estavam muito contentes de serem libertados da escravidão da paixão e não eram de forma alguma menosprezados por seus amigos. O fato é que a culpa por todas as reclamações desse tipo deve ser atribuída ao caráter, não a um período específico da vida. Para os homens idosos que são razoáveis, e nunca raivosos nem rudes, consideram a velhice tolerável o suficiente: ao passo que a irracionalidade e a grosseria causam mal-estar em todas as fases da vida.

LÉLIO

É bem assim como você diz, Catão. Mas talvez alguém possa sugerir que são seus muitos recursos, riqueza e posição elevada que o fazem pensar que a velhice é tolerável: considerando que essa boa sorte só cai sobre poucos.

CATÃO

Há algo disso, sem dúvida, Lélio, mas de forma alguma isso explica tudo. Por exemplo, a história é contada da resposta de Temístocles em uma disputa com um certo Serifiano, que afirmou que ele devia sua brilhante posição à reputação de seu país, não à sua. "Se eu fosse um Serifiano", disse ele, "nem eu mesmo teria sido famoso, nem você o seria, mesmo que fosse ateniense." Algo assim pode ser dito da velhice. Pois o próprio filósofo não poderia considerar a velhice fácil de suportar, se estivesse nas profundezas da pobreza, nem o tolo a sentiria, senão como um fardo, embora fosse um milionário. Podem estar certos, meus caros Cipião e Lélio, que as armas mais bem adaptadas à velhice são a cultura e o exercício ativo das virtudes. Pois se elas foram mantidas em cada período da vida, se alguém teve uma vida intensa e longa, a colheita produzida será maravilhosa, não apenas porque elas nunca nos faltam, mesmo em nossos últimos dias (embora isso em si seja extremamente importante), mas também porque a consciência de uma vida bem vivida e a lembrança de várias ações virtuosas são extremamente deliciosas.

4.

Veja o caso de Q. Fábio Máximo, o homem, quero dizer, que recuperou Tarento. Quando eu era jovem e ele um velho, sentia-me tão apegado a ele como se ele tivesse sido meu contemporâneo. Pois a dignidade séria daquele grande homem era temperada por modos corteses, e a velhice não havia feito qualquer mudança em seu caráter. É verdade que ele não era exatamente um homem velho quando minha devoção a ele começou, mas mesmo assim estava bem na vida; pois seu primeiro consulado caiu no ano seguinte ao meu nascimento. Ainda adolescente, fui com ele em seu quarto consulado como soldado de elite, na expedição contra Cápua e no quinto ano depois disso, na campanha contra Tarento. Quatro anos depois fui eleito questor, ocupando o cargo no consulado de Tuditano e Cetego, ano em que, de fato, ele já muito velho falou a favor da Lei Cinciana "sobre presentes e honorários".

Ora, esse homem conduzia guerras com todo o espírito da juventude quando já estava bastante maduro e, com sua persistência, gradualmente cansou Aníbal, quando se rebelou com toda a confiança da juventude. Quão brilhantes são as falas do meu amigo Ênio sobre ele!

> *Para nós, abatidos pelas tempestades do destino,*
> *Um homem, por sábios adiamentos, restaurou o Estado.*
> *Elogios ou desaprovação não mudaram seu humor constante,*
> *Fiel ao seu propósito, ao bem de seu país!*
> *Circulando pelas avenidas cada vez maiores da fama*
> *Assim brilha e ainda brilhará seu glorioso nome.*

Mais uma vez, que vigilância, que habilidade profunda ele demonstrou na captura de Tarento! Foi de fato na minha audição que ele fez a famosa réplica a Salinador, que se retirou para a cidadela depois de perder a cidade: "Foi devido a mim, Quinto Fábio, que você retomou Tarento." "Exatamente", respondeu ele com uma risada; "pois se você não a tivesse perdido, eu nunca a teria recuperado." Nem foi menos eminente na vida civil do que na guerra. Em seu segundo consulado, embora seu colega não se movesse sobre o assunto, ele resistiu enquanto pôde à proposta do tribuno C. Flamínio de dividir o território dos Picenos e Gauleses em loteamentos livres, em desafio a uma resolução do Senado. Novamente, embora fosse um áugure, ele se aventurou a dizer que tudo o que foi feito no interesse do Estado, foi feito com os melhores auspícios possíveis, que qualquer lei proposta contra seu interesse, foi proposta contra os auspícios. Eu tinha consciência de muitas coisas admiráveis naquele grande homem, mas nada me atingiu com maior surpresa do que a maneira como ele suportou a morte de seu filho, um homem de caráter brilhante e que fora cônsul. Seu discurso fúnebre para ele está em ampla circulação, e quando o lemos, há algum filósofo de quem não pensamos mal? Na verdade, ele não era apenas grande à luz do dia e aos olhos de seus concidadãos; ele era ainda mais estimado em sua vida privada e em casa. Que conversas ricas! Que máximas de alta relevância! Que amplo conhecimento da história antiga! Que conhecimento preciso da ciência dos presságios! Para um romano, também, ele tinha uma grande habilidade para as letras. Ele tinha uma memória tenaz para história militar de todo tipo, fosse de guerras romanas ou estrangeiras. E eu costumava admirar sua conversa com uma avidez apaixonada, como se já tivesse adivinhado, o que realmente acabou sendo o caso, que quando ele morresse não haveria ninguém para me ensinar nada.

5.

Qual é então o propósito de uma dissertação tão longa sobre Máximo? É porque agora você vê que uma velhice como a dele não pode ser conscienciosamente chamada de infeliz. No entanto, é verdade, afinal, que nem todo mundo pode ser Cipião ou Máximo, com tomadas de assalto a cidades, batalhas por terra e mar, guerras em que eles próprios comandaram tropas e triunfos para recordar. Além desse tipo de vida, existe aquela tranquila, pura e cultivada que produz uma velhice calma e gentil, como nos dizem que foi a de Platão, que morreu em sua escrivaninha aos oitenta e um anos; ou como a de Isócrates, que dizem que escreveu o livro intitulado *O Panegírico* aos 94 anos, e que viveu mais cinco anos depois; enquanto seu mestre Górgias de Leontini completou cento e sete anos sem nunca relaxar sua diligência ou desistir do trabalho. Quando alguém lhe perguntou por que consentiu em permanecer por tanto tempo vivo,

"Não tenho culpa", respondeu ele, "para me descobrir com essa idade". Foi uma resposta nobre e digna de um erudito. Pois os tolos atribuem suas próprias fragilidades e culpa à velhice, ao contrário da prática de Ennui, que mencionei há pouco. Nas linhas:

> Como algum cavalo corajoso que costumava antes
> A coroa olímpica da vitória carregar,
> Agora, pelo peso dos anos oprimido,
> Esquece a corrida e aceita seu descanso.

ele compara sua própria velhice à de um cavalo de corrida animado e bem-sucedido. E dele, de fato, você pode muito bem se lembrar. Pois os atuais cônsules Tito Flamínio e Mânio Acílio foram eleitos no décimo nono ano após sua morte; e sua morte ocorreu no consulado de Cépio e Filipe, este último, cônsul pela segunda vez: nesse ano eu, então com sessenta e seis anos, falei a favor da Lei Voconiana com uma voz ainda forte e com os pulmões ainda firmes; enquanto ele, embora tivesse setenta anos, suportou dois fardos considerados os mais pesados de todos, a pobreza e a velhice, de tal forma que quase se afeiçoava a eles.

O fato é que, quando penso sobre isso, descubro que há quatro razões para a velhice ser considerada infeliz: primeiro, que nos afasta da atividade dos empregos; segundo, que enfraquece o corpo; terceiro, que nos priva de quase todos os prazeres físicos; quarto, que é o passo mais próximo para a morte. De cada uma dessas razões, se você me permite, vamos examinar a força e a justiça separadamente.

6.

A IDADE NOS AFASTA DA ATIVIDADE DOS EMPREGOS.

De quais deles? Você quer dizer daqueles conduzidos pela juventude e pela força corporal? Não haverá, então, nenhuma ocupação para qual os velhos possam conduzir pelo intelecto, mesmo quando os corpos já estejam fracos? Portanto, Q. Máximo não fez nada; nem L. Emílio, nosso pai, Cipião, e o sogro de meu excelente filho? Assim, com outros velhos, os Fabrícios, o Guru e os Coruncanis, quando apoiavam o Estado com seus conselhos e influência, eles não faziam nada? À idade avançada, Ápio Cláudio tinha a desvantagem adicional de ser cego; no entanto, foi ele quem, quando o Senado se inclinou para aprovar a paz com Pirro e ia propor um tratado, não hesitou em dizer aquilo que Ênio embalsamou nos versos:

> *Para onde desviaram as almas tão firmes de outrora?*
> *Os sentidos ficaram sem sentido?*
> *Os pés não aguentam mais o corpo?*

E assim por diante, em um tom da mais apaixonante veemência. Você conhece o poema, e a fala do próprio Ápio ainda existe. Agora, ele o recitou dezessete anos após seu segundo consulado, com um intervalo de dez anos entre os dois, e ele havia sido censor antes de seu consulado anterior. Isso mostrará a você que, na época da guerra com Pirro, ele já era um homem muito velho. No entanto, esta é a história que nos foi transmitida.

Não há, portanto, nada nos argumentos daqueles que afirmam que a velhice não participa dos negócios públicos. São como homens que diriam que um timoneiro não faz nada para velejar um navio, porque, enquanto alguns tripulantes sobem nos mastros, outros sobem e descem as passarelas, outros bombeiam a água do porão, ele fica quieto na popa segurando o leme. Ele não faz o que os jovens fazem; no entanto, ele faz o que é muito mais importante e melhor. As grandes questões da vida não são realizadas pela força física, pela atividade, ou agilidade do corpo, mas por deliberação, caráter, expressão de opinião. Destes, a velhice não só não é destituída, como, via de regra, os atinge em maior grau. A menos que por acaso eu, que como soldado nas fileiras, como tribuno militar, como legado e como cônsul tenha sido empregado em vários tipos de guerra, agora pareça a você ocioso por não estar ativamente envolvido na guerra.

Mas eu ordeno ao Senado o que deve ser feito e como. Cartago há muito acalenta desígnios malignos e, por isso, proclamei guerra contra ela com algum tempo hábil. Jamais deixarei de alimentar temores a seu respeito até ouvir que foi destruída. A glória por ter feito isso, rogo que os deuses imortais reservem para você, Cipião, para que possa completar a tarefa iniciada por seu avô, já falecido há mais de trinta e dois anos, embora todos os anos que virão manterão fresca a memória daquele grande homem. Ele morreu no ano anterior à minha censura, nove anos depois do meu consulado, tendo sido renomeado cônsul pela segunda vez no meu próprio consulado. Se ele tivesse, então, vivido até o centésimo ano, teria se arrependido de ter chegado até a velhice? Pois é claro que ele não estaria praticando as marchas rápidas, nem investindo contra um inimigo, nem arremessando lanças à distância, nem usando espadas à curta distância, mas apenas seus conselhos, sua razão e a eloquência senatorial. E se essas qualidades não residissem em nós, idosos, nossos ancestrais nunca teriam chamado seu conselho supremo de Senado. Em Esparta, de fato, aqueles que detêm as mais altas magistraturas são de acordo com o fato chamados realmente de "os mais velhos". Mas se você se der ao trabalho de ler ou ouvir histórias estrangeiras, descobrirá que os Estados mais poderosos foram postos em perigo por jovens, e foram sustentados e restaurados por velhos. A pergunta ocorre no Esporte, do poeta Névios:

> *Por favor, quem são aqueles que trouxeram o seu Estado*
> *Com tal desleixo para encontrar seu destino?*

A resposta é longa, mas este é o ponto principal:

> *Uma safra de novos oradores que cultivamos,*
> *E rapazes tolos e mesquinhos que pensavam que sabiam.*

Pois, é claro, a precipitação é a nota da juventude, e a prudência, a da velhice.

7.

Mas, dizem que a memória diminui. Sem dúvida, a menos que você a mantenha em prática, ou se você for um tanto vagaroso por natureza. Temístocles sabia de cor os nomes de todos os seus concidadãos. Você imagina que na velhice ele costumava chamar Aristides de Lisímaco? De minha parte, conheço não só a geração atual, mas também seus pais e avós. Nem tenho medo de perder a memória lendo lápides, segundo a superstição vulgar. Pelo contrário, ao lê-las, renovo minha memória daqueles que já morreram. Na verdade, nunca ouvi falar de algum velho que tenha esquecido onde havia escondido seu dinheiro. Lembram-se de tudo o que lhes interessa: quando responder à fiança, os compromissos de negócios, quem lhes deve dinheiro e a quem o devem. E quanto aos advogados, pontífices, áugures, filósofos, quando chegam à velhice? Que multidão de coisas eles se lembram! Os velhos retêm seus intelectos muito bem, desde que mantenham suas mentes ativas e totalmente em atividade. Nem é o caso apenas de homens que ocuparam altas posições e grandes cargos: aplica-se igualmente à vida cotidiana e atividades pacíficas. Sófocles compôs tragédias até a extrema velhice; mas sendo considerado negligente com o cuidado de sua propriedade, devido à devoção à sua arte, seus filhos o levaram ao tribunal para conseguir uma ordem judicial, privando-o da gestão de sua propriedade, com base em ter fragilidade de intelecto, assim como prevê a nossa lei, que costuma privar um chefe de família da administração de sua propriedade se ele a estiver desperdiçando. Em audiência, dizem que o velho poeta leu para os juízes a peça que tinha em mãos que acabara de compor, o Édipo Coloneu, e perguntou-lhes ao final se achavam que era obra de um homem de intelecto fraco. Após a leitura, ele foi absolvido pelo júri. A velhice obrigou este homem a silenciar em sua arte pessoal, ou Homero, Hesíodo, Simônides ou Isócrates e Górgias, que mencionei antes, ou os fundadores das escolas de filosofia, Pitágoras, Demócrito, Platão, Xenócrates ou, posteriormente, Zenão e Cleanto, ou Diógenes, o Estoico, que você também viu em Roma? Não é mais provável o caso, diante do exposto, que a busca ativa do estudo só termina com o fim da vida?

Mas, para deixar de lado esses estudos sublimes, posso citar alguns romanos rústicos do distrito de Sabine, vizinhos e amigos meus, em cuja ausência dificilmente se realizariam alguns trabalhos agrícolas importantes, seja semeando, colhendo ou armazenando. E, no entanto, em outras coisas, isso é menos surpreendente; pois ninguém é tão velho a ponto de pensar que não pode viver por mais um ano. Mas eles dedicam seu trabalho ao que sabem que não os afeta de modo algum.

Ele planta suas árvores para servir às gerações futuras.

como nosso poeta Statius diz em sua obra *Camaradas*. Nem um fazendeiro, por mais velho que fosse, hesitaria em responder a quem perguntasse para quem ele estava plantando: "Para os deuses imortais, cuja vontade era que eu não apenas recebesse essas coisas de meus ancestrais, mas também as entregasse para a próxima geração."

8.

Essa observação sobre o velho é melhor do que a seguinte:

Se a idade não trouxe nada pior do que isso,
Foi o suficiente para arruinar nossa felicidade,
Aquele que aguarda por muitos anos
Vê muito a evitar e muito a chorar.

Sim, e talvez muito do que também lhe dê prazer. Além disso, quanto aos motivos para lágrimas, ele frequentemente os encontra também na juventude.

Um sentimento ainda mais questionável no mesmo Cecílio é:

Nenhuma miséria maior pode ser dita sobre envelhecer
Do que essa: tenha certeza, os jovens não gostam dos velhos.

O prazer neles está mais próximo do alvo do que a antipatia. Pois assim como os velhos, se forem sábios, podem ter prazer na companhia de jovens de boas intenções, e como a velhice se torna menos enfadonha para aqueles que são cortejados e queridos pelos jovens, assim também os jovens encontrarão prazer nas máximas dos antigos, pelas quais eles são atraídos na busca pela excelência. Nem eu percebo que você acha minha companhia menos agradável do que eu considero a sua. Mas isso é o suficiente para mostrar a você como, longe de ser apática e indolente, a velhice pode ser até uma época agitada, sempre fazendo e tentando alguma coisa, é claro, da mesma natureza que foi o gosto de cada um na fase anterior de sua vida. Não, alguns não chegam mesmo a aumentar seu estoque de aprendizagem? Vemos Sólon, por exemplo, gabando-se em seus poemas de que envelhece "aprendendo diariamente algo novo". Ou ainda, no meu próprio caso, foi só quando já velho que conheci a literatura grega, que de fato absorvi com tanta avidez, em meu desejo de matar, por assim dizer, uma sede duradoura, que me tornei familiarizado com os próprios fatos que você me vê agora usando como exemplos. Quando soube o que Sócrates fizera sobre a lira, gostaria de ter feito isso também, pois os antigos costumavam aprender a lira; mas, de qualquer forma, trabalhei arduamente na literatura.

9.

Também não sinto a *falta da força corporal* de um jovem (pois esse era o segundo ponto quanto às desvantagens da velhice) mais do que, quando era jovem, sentia a falta de ter a força de um touro ou de um elefante. Você deve usar o que tem e, seja o que for que consiga fazer, faça-o com todo o empenho que possui. O que poderia ser mais fraco do que a exclamação de Milo de Cróton? Já na velhice, ao observar alguns atletas praticando na pista, teria olhado para os próprios braços e exclamado com lágrimas nos olhos: "Ah bem! Estes agora estão quase mortos". Nem um pouco mais do que você, seu insignificante! Pois em nenhum momento você se tornou famoso por seu verdadeiro eu, mas pelo peito e pelos bíceps. Sexto Élio nunca deu publicidade a tal observação, nem, muitos anos antes dele, Tito Coruncânio, nem, mais recentemente, P. Crasso; todos eles aprenderam o jurisconsulto na prática ativa, cujo conhecimento de sua profissão foi mantido até o último suspiro. Receio que um orador perca o vigor na velhice, pois sua arte não é apenas uma questão de intelecto, mas de pulmões e de força corporal. Embora, via de regra, aquele tom musical da voz ganhe em brilho, de certa forma, à medida que a pessoa envelhece, certamente ainda não o perdi, e você vê minha idade. No entanto, apesar de tudo, o estilo de fala adequado a um velho é o calmo e sem emoção, e muitas vezes acontece que a fala disciplinada e calma de um velho eloquente ganha uma audiência. Se você não pode atingir isso sozinho, você ainda pode instruir um Cipião ou um Lélio. Pois o que é mais encantador do que a velhice cercada pelo entusiasmo da juventude? Não devemos permitir à velhice nem mesmo a força para ensinar os jovens, treiná-los e equipá-los para todos os deveres da vida? E o que pode ser um emprego mais nobre? De minha parte, costumava pensar em Público e Gneu Cipião e seus dois avós, L. Emílio e P. Africano, homens afortunados quando os vi acompanhados de jovens nobres. Tampouco podemos imaginar qualquer professor de belas-artes que não seja feliz, por mais que suas forças corporais tenham se deteriorado e falhado. E, no entanto, essa mesma falha das forças corporais é mais frequentemente provocada pelos vícios da juventude do que os da velhice; pois um jovem dissoluto e intemperante entrega o corpo à velhice em um estado de esgotamento. O Ciro de Xenofonte, por exemplo, em discurso proferido em seu leito de morte, em idade muito avançada, diz que nunca percebeu que sua velhice se tornou mais fraca do que sua juventude. Lembro-me, ainda menino, de Lúcio Metelo, nomeado Pontífice Máximo quatro anos depois de seu segundo consulado, que exerceu esse cargo por vinte e dois anos, gozando de excelente força corporal nas últimas horas de vida, para não perder juventude. Nem preciso falar de mim mesmo; embora esse seja realmente o costume dos homens mais velhos, e geralmente isso seja aceito para os que já atingiram o meu tempo de vida. Você não vê, em Homero, com que frequência Nestor fala de suas próprias boas qualidades? Pois ele estava sobrevivendo a uma terceira geração; nem tinha motivos para temer que, ao dizer o que era verdade sobre si mesmo, parecesse excessivamente vaidoso ou falador. Pois, como diz Homero, "de seus lábios fluía um discurso mais doce do que o mel", e para tal doçura não lhe faltava nenhuma força corporal. E ainda, afinal, o famoso líder dos gregos em nenhum momento desejou ter dez homens como Ajax, mas como Nestor: se ele pudesse tê-los, não restaria dúvidas de que Tróia em breve cairia.

10.

Mas, voltando ao meu caso: estou com oitenta e quatro anos. Eu gostaria de ter podido fazer a mesma ostentação que Ciro; mas, afinal, posso dizer o seguinte: não sou de fato tão vigoroso quanto fui como soldado raso nas guerras púnicas, ou como procurador durante a mesma guerra, ou como cônsul na Espanha, e quatro anos depois quando como tribuno militar participei do combate às Termópilas sob o cônsul Mânio Acílio Glábrio; mas, ainda assim, como você vê, a velhice não destruiu inteiramente meus músculos, não conseguiu me aniquilar. O Senado não considera que meu vigor esteja todo perdido, nem a rostra[5], nem meus amigos, nem meus

---

[5] A rostra era uma grande plataforma construída na cidade de Roma nos períodos Republicano e Imperial, que era utilizada para fazer discursos ou pronunciamentos à população. (N.T.)

clientes, nem meus convidados estrangeiros. Pois eu nunca cedi a esse provérbio antigo e muito elogiado:

Velho quando jovem,
Velho será por muito tempo.

Quanto a mim, preferi ser velho por um tempo mais curto do que envelhecer antes do meu tempo. Consequentemente, ninguém até o presente desejou me ver, a quem eu tenha sido negado como comprometido. Mas, pode-se dizer, tenho menos força do que qualquer um de vocês. Nem você tem a força do centurião T. Pôncio: e por acaso ele é o homem mais eminente por conta disso? Que haja apenas uma economia adequada de forças, e que cada homem distribua seus esforços na proporção de suas faculdades. Tal pessoa certamente não será possuída por um grande pesar pela perda de sua força. Em Olímpia, Milo teria entrado na pista carregando um boi vivo nos ombros. Qual, então, dos dois você preferiria que lhe fosse dado, uma força corporal como essa, ou uma força intelectual como a de Pitágoras? Em suma, aproveite essa bênção quando a tiver; quando acabar, não a deseje de volta, a menos que pensemos que os jovens deveriam desejar sua infância de volta e aqueles um pouco mais velhos, sua juventude! O curso da vida é fixo e a natureza admite que seja conduzido em uma única direção e apenas uma vez; e para cada fase de nossa vida há algo especialmente adequado; de modo que a fragilidade das crianças, bem como o elevado ânimo da juventude, a sobriedade dos anos mais maduros e a sabedoria madura da velhice, todos têm certa vantagem natural que deve ser aproveitada em seu tempo apropriado. Acho que você está informado, Cipião, do que o amigo estrangeiro de seu avô, Masinissa, faz até hoje, embora já tenha noventa anos. Depois de começar uma jornada a pé, ele não monta em seu cavalo; quando inicia uma viagem montado, ele nunca desce do cavalo. Por nenhuma chuva ou frio ele pode ser convencido a cobrir sua cabeça. Seu corpo está absolutamente livre de humores prejudiciais e, portanto, ele ainda desempenha todos os deveres e funções de um rei. O exercício ativo, portanto, e a temperança podem preservar alguma parte da força anterior, mesmo na velhice.

11.

A falta da força corporal é sentida na velhice; mas a força física não é exigida dos velhos. Portanto, tanto por lei como por costume, os homens da minha época de vida estão isentos daqueles deveres que não podem ser mantidos sem força física. Consequentemente, não apenas não somos forçados a fazer o que não conseguimos mais fazer; nem mesmo somos obrigados a fazer tanto quanto podemos. Mas, será dito, muitos homens idosos são tão fracos que não podem cumprir qualquer obrigação na vida de qualquer tipo ou espécie. Essa não é uma fraqueza a ser considerada peculiar à velhice: é uma fraqueza compartilhada por problemas de saúde. Que débil era o filho do P. Africano, que te adotou! Que saúde fraca ele tinha, ou melhor, nenhuma saúde! Se assim não fosse, teríamos nele uma segunda luz brilhante no horizonte político; pois ele teria acrescentado um aprimoramento mais amplo à grandeza de espírito de seu pai. O que surpreende, então, que os velhos acabem ficando fracos, quando mesmo os jovens não conseguem escapar a isso? Meus queridos Lélio e Cipião, devemos enfrentar a velhice e compensar suas desvantagens tomando cuidado. Devemos lutar contra ela como devemos combater uma doença. Devemos cuidar de nossa saúde, fazer exercícios moderados, comer e beber apenas o suficiente para manter, mas não sobrecarregar, nossas forças. Não é apenas o corpo que deve ser sustentado, mas o intelecto e a alma muito mais. Pois eles são como lâmpadas: a menos que os alimente com óleo, eles também envelhecem. Novamente, o corpo tende a ficar forte com o exercício; mas o intelecto se torna mais ágil ao se exercitar. Pois o que Cecílio quer dizer com "velhos caducos do teatro cômico" são os crédulos, os esquecidos e os desleixados. Essas são falhas que não se relacionam com a velhice como tal, mas com uma velhice lenta, desanimada e sonolenta. Os jovens são mais frequentemente devassos e dissolutos do que os velhos; mas, como nem todos os jovens são assim, apenas os maus que estão entre eles, do mesmo modo a loucura senil, geralmente chamada de imbecilidade, se aplica a alguns velhos de caráter doentio, porém não a todos. Ápio gerenciou quatro filhos robustos, cinco filhas, aquele grande estabelecimento e todos aqueles clientes, embora fosse velho e cego. Pois ele manteve sua mente em plena extensão como um arco, e nunca cedeu à velhice o afrouxando. Ele mantinha não apenas uma influência, mas um comando absoluto sobre sua família: seus escravos o temiam, seus filhos o admiravam, todos o amavam. Naquela família, de fato, o hábito e a disciplina ancestrais estavam em pleno vigor. O fato é que a velhice é respeitável desde que se afirme, mantenha seus próprios direitos e não seja escravizada a ninguém. Pois assim como admiro um jovem que guarda algo de um ancião dentro de si, eu também admiro um velho que mantenha algo de um jovem. O homem que almeja isso pode possivelmente envelhecer no corpo, mas na mente, nunca o fará. Agora estou escrevendo o sétimo livro de minhas *Origens*. Eu colecionei todos os registros antigos. Os discursos proferidos em todos os casos célebres que defendi, estou neste momento organizando em forma de publicação. Estou escrevendo tratados sobre direito augural, pontifício e civil. Além disso, estou estudando muito o grego e, à maneira dos pitagóricos, para manter minha memória em ordem, repito à noite tudo o que disse, ouvi ou fiz no decorrer de cada dia. Esses são os exercícios do intelecto, esses são os campos de treinamento da mente: enquanto suo e trabalho neles, não sinto muito a perda da força corporal. Eu apareço no tribunal por meus amigos; compareço ao Senado com frequência e apresento moções sob minha própria responsabilidade, preparadas após longa e profunda reflexão. E essas eu sustento pelo meu intelecto, não por minhas forças corporais. E se eu não fosse forte o suficiente para fazer essas coisas, ainda assim deveria desfrutar do meu sofá, imaginando essas mesmas operações que agora eu seria incapaz de realizar. Mas o que me torna capaz de fazer isso é minha vida passada. Pois um homem que está sempre vivendo em meio a esses estudos e trabalhos não percebe quando a velhice se arrasta sobre ele. Assim, em graus lentos e imperceptíveis, a vida chega ao fim. Não há quebra repentina; ela simplesmente se apaga lentamente.

12.

A terceira acusação contra a velhice é que a ela *faltam prazeres sensuais*. Que esplêndido serviço a velhice presta, se tira de nós a maior mancha da juventude! Ouçam, meus queridos jovens amigos, um discurso de Arquitas de Tarento, entre os maiores e mais ilustres dos homens, que foi posto em minhas mãos quando eu era jovem em Tarento com Q. Máximo. "Nenhuma maldição mais mortal do que o prazer sensual foi infligida à humanidade pela natureza, que para satisfazer nossos apetites desenfreados, são elevados além de qualquer prudência ou restrição. É uma fonte fecunda de traições, revoluções, comunicações secretas com o inimigo. Na verdade, não há crime, nenhuma má ação, para a qual o apetite pelos prazeres sensuais não nos impele. Fornicações e adultérios, e toda abominação desse tipo, são provocados pelas seduções do prazer e somente por eles. O intelecto é o melhor presente da natureza ou de Deus: para esse dom e dote divino não há nada tão adverso quanto o prazer. Pois quando o apetite é nosso senhor, não há lugar para o autocontrole; nem onde o prazer reina supremo, a virtude pode se manter firme. Para ver isso mais vividamente, imagine um homem excitado ao mais alto grau concebível de prazer sensual. Ninguém pode duvidar que tal pessoa, enquanto estiver sob a influência de tal excitação dos sentidos, será incapaz de usar para qualquer propósito o intelecto, a razão ou o pensamento. Portanto, nada pode ser tão execrável e tão fatal quanto o prazer; visto que, quando é mais violento e duradouro do que o normal, escurece toda a luz da alma."

Estas foram as palavras dirigidas por Arquitas ao samnita Caio Pôncio, pai do homem por quem os cônsules Espúrio Postúmio e Tito Vetúrio foram derrotados na batalha de Cáudio. Meu amigo Nearco de Tarento, que permanecera leal a Roma, disse-me que as tinha ouvido repetidas por alguns velhos; e que Platão, o ateniense, estava presente, que visitou Tarento, eu acho, no consulado de L. Camilo e Ápio Cláudio.

Qual é o objetivo de tudo isso? É para mostrar que, se não fomos capazes de desprezar o prazer com o auxílio da razão e da filosofia, deveríamos ter sido muito gratos à velhice por nos privar de toda inclinação para o que era errado fazer. Pois o prazer atrapalha o pensamento, é um inimigo da razão e, por assim dizer, cega os olhos da mente. Além disso, é totalmente estranho à virtude. Lamentei ter que expulsar Lúcio, irmão do valente Tito Flamínio, do Senado sete anos depois de seu consulado; mas achei imperativo fixar um estigma em um ato de sensualidade grosseira. Pois quando estava na Gália como cônsul, cedeu às súplicas de sua amante em um jantar para decapitar um homem que por acaso estava na prisão condenado à pena de morte. Quando seu irmão Tito era o Censor, que me precedeu, ele escapou; mas eu e Flaco não podíamos tolerar um ato de luxúria tão criminosa e abandonada, especialmente porque, além da desonra pessoal, trazia desgraça para o governo.

13.

Já ouvi muitas vezes de homens mais velhos do que eu, que disseram ter ouvido isso quando meninos de homens mais velhos, que Caio Fabrício tinha o hábito de expressar espanto por ter ouvido, quando enviado ao quartel-general do rei Pirro, do reino de Tessália Cinéias, que havia um homem de Atenas que se dizia "filósofo" e afirmava que tudo o que fazíamos era para se referir ao prazer. Quando ele disse isso a Mânio Cúrio e Público Décio, eles costumavam observar que desejavam que os samnitas e o próprio Pirro tivessem a mesma opinião. Seria muito mais fácil conquistá-los, se uma vez se entregassem às indulgências sensuais. Mânio Cúrio tivera relações íntimas com P. Décio, que quatro anos antes do primeiro consulado se havia consagrado à morte da República. Tanto Fabrício como Coruncânio o conheciam também, e pela experiência de suas próprias vidas, bem como pela ação de P. Décio, eles eram da opinião que existia algo intrinsecamente nobre e grande, que era perseguido para o seu próprio bem, e no qual todos os homens miravam, para o desprezo e a negligência do prazer. Por que, então, gasto tantas palavras sobre o assunto do prazer? Ora, porque, longe de ser uma acusação contra a velhice, que não sente muita falta de prazeres, é na verdade o seu maior elogio.

Mas, você dirá, ela está privada dos prazeres da mesa, das bandejas abarrotadas, da passagem rápida da taça de vinho. Bem, então, também está livre da dor de cabeça, digestão desordenada, sono interrompido. Mas se devemos conceder algo ao prazer, uma vez que não achamos fácil resistir aos seus encantos, pois Platão, com feliz inspiração, chama o prazer de "isca do vício", porque é claro que os homens são fisgados por ele como peixes por um anzol, e mesmo assim, embora a velhice deva se abster de banquetes extravagantes, ainda é capaz de desfrutar de festividades modestas. Quando menino, costumava ver Caio Duílio, filho de Marco, então um velho, voltando de algum banquete. Ele gostava muito de ter por perto tochas e um flautista, distinções que ele havia assumido, embora sem precedentes no caso de uma pessoa física. Era o privilégio de sua glória. Mas por que mencionar os outros? Voltarei ao meu próprio caso. Para começar, sempre fui membro de um "clube", os clubes, você sabe, foram instituídos durante a minha questoria quando recebi a Magna Mater de Ida. Portanto, costumava jantar no banquete deles com os membros do meu clube, em geral com moderação, embora houvesse um certo calor no temperamento, natural para aquele período da vida; mas à medida que a idade avança, há uma diminuição diária de toda excitação. Na verdade, nunca me acostumei a medir meu prazer até mesmo nesses banquetes pelos prazeres físicos que eles proporcionavam, mais pela reunião e a conversa entre amigos. Pois foi uma boa ideia de nossos ancestrais organizar a presença de convidados em uma mesa de jantar, visto que isso implicava uma diversão comunitária, um *convivium*, "uma convivência". É um termo melhor do que as palavras gregas que significam "beber juntos" ou "comer juntos". Pois eles parecem dar maior importância ao que é realmente a parte menos importante do encontro.

14.

Quanto a mim, pelo prazer que tenho na conversa, gosto até dos banquetes que começam no início da tarde, e não só na companhia de meus contemporâneos, dos quais poucos sobreviveram, mas também com homens da sua idade e com vocês. Sou grato à velhice, que aumentou minha avidez por conversar, ao mesmo tempo que removeu a de comer e beber. Mas se alguém gosta deles, para não parecer ter proclamado guerra contra todos os prazeres sem exceção, que talvez seja um sentimento inspirado pela natureza, não consigo perceber, mesmo nesses prazeres, que a velhice é inteiramente destituída de poder de apreciação. Quanto a mim, me deleito até com a antiquada nomeação de mestre de cerimônias; e no arranjo da conversa, que de acordo com o costume antigo é iniciada do último lugar da esquerda no sofá quando o vinho começa a ser servido; como também nas taças que, como no banquete de Xenofonte, são pequenas e enchidas aos poucos; e na intenção de refrescar no verão e aquecer no sol ou perto do fogo no inverno. Mantenho essas coisas até entre meus conterrâneos sabinos, e todos os dias fazemos um jantar completo com os vizinhos, que prolongamos noite adentro com conversas variadas.

Mas você pode insistir, não há a mesma sensação de formigamento de prazer nos homens velhos. Sem dúvida; mas também não sentem tanta falta disso. Pois nada que não faça falta, poderá causar algum desconforto. Essa foi uma bela resposta de Sófocles a um homem que lhe perguntou, quando estava em extrema velhice, se ele ainda era um amante. "Deus me livre!" ele respondeu. "Fiquei muito feliz em escapar disso, como se fosse de um senhor grosseiro e insano." Para os homens que realmente estejam ansiosos por essas coisas, pode parecer desagradável e desconfortável ficar sem elas; mas, para os apetites cansados, é mais agradável carecer delas do que desfrutar. No entanto, não se pode dizer que sente falta aquele que não deseja: meu argumento é que não querer é a situação mais agradável.

Mas mesmo admitindo que a juventude desfrute desses prazeres com mais entusiasmo; em primeiro lugar, são coisas insignificantes para desfrutar, como eu disse; e, em segundo lugar, como a idade não é inteiramente isenta deles, ainda que não os possua em profusão. Assim como um homem obtém mais prazer ao assistir a Ambívio Túrpio quando sentado na primeira fila do teatro do que se estivesse na última, ainda assim, afinal, o homem na última fila obtém prazer; também a juventude, porque vê os prazeres de perto, talvez se divirta mais, mas mesmo a velhice, olhando-os à distância, se diverte muito bem. Ora, que bênçãos são essas, que a alma, tendo cumprido seu tempo, por assim dizer, nas campanhas de desejo e ambição, rivalidade e ódio, e todas as paixões, deve viver em seus próprios pensamentos e, como diz a expressão, deve viver separada! Na verdade, se ela reserva o que posso chamar de alimento para o estudo e a filosofia, nada pode ser mais agradável do que uma velhice de lazer. Fomos testemunhas de C. Caio, um amigo de seu pai, Cipião, empenhado até o dia de sua morte em mapear o céu e a terra. Quantas vezes a luz o surpreendeu enquanto ainda resolvia um problema iniciado durante a noite! Quantas vezes a noite o encontrou ocupado com o que havia começado ao amanhecer! Como ele se deliciava em prever para nós eclipses solares e lunares muito antes de eles ocorrerem! Ou ainda em estudos de natureza mais leve, embora ainda exigindo agudeza de intelecto, que prazer Névio sentiu em sua Guerra Púnica! Plauto em seu Truculento e Pseudolo! Cheguei a ver Lívio Andrônico, que, tendo encenado uma peça seis anos antes de meu nascimento, no consulado de Cento e Tuditano, viveu até a época em que me tornei um jovem. Por que falar da devoção de Públio Licínio Crasso ao direito pontifício e civil, ou do Públio Cipião da atualidade, que nestes últimos dias foi nomeado Pontífice Máximo? E, no entanto, vi todos os que mencionei ardorosos nessas buscas quando já velhos. Depois, há Marco Cetego, a quem Ênio chamou justamente de "Medula da Persuasão", com que entusiasmo o vimos se esforçar na oratória mesmo quando já era bastante velho! Que prazeres existem em festas, jogos ou amantes comparáveis a prazeres como esses? E são todos gostos, também, ligados à aprendizagem, que nos homens de bom senso e boa educação crescem com o seu amadurecimento. É realmente um sentimento honroso que Sólon expressa em um versículo que citei antes, aquele em que ele envelheceu aprendendo muitas novas lições todos os dias. Do que esse prazer intelectual, nenhum outro, certamente, pode ser maior.

15.

Chego agora aos prazeres do fazendeiro, nos quais tenho um deleite incrível. Estes não são impedidos por qualquer grau de velhice, e me parecem aproximar-se mais da vida do homem sábio ideal. Pois ele tem que lidar com a terra, que nunca recusa sua obediência, nem nunca retorna o que recebeu sem usura; às vezes, de fato, com menos, mas geralmente com maior interesse. De minha parte, porém, não é apenas a coisa produzida, mas a própria força e produtividade natural da terra que me encantam. Pois, recebida em seu seio a semente lançada se espalha sobre ela, amolecida e partida, ela primeiro a mantém escondida ali (daí a angústia que a acompanha recebe o nome que significa "esconder"); a seguir, depois de ser aquecida por seu calor e pressão, ela a abre e tira dela o verde da folha. Esta, sustentada pelas fibras da raiz, vai crescendo aos poucos, e mantida em pé por seu pedúnculo articulado, é envolta em bainhas, sendo ainda imatura. Quando se destaca delas, produz uma espiga de milho perfeitamente ordenada, que é defendida contra bicadas dos pássaros menores por uma paliçada regular de espinhos.

Devo mencionar o início, plantio e cultivo das vinhas? Nunca terei o suficiente desse prazer, deixá-lo descobrir o segredo do que dá à minha velhice repouso e diversão. Pois eu nada digo aqui da força natural que todas as coisas propagadas da terra possuem, a terra, que daquele minúsculo grão em um figo, ou a semente em uma uva, ou as sementes mais diminutas de outros cereais e plantas, produzem esses troncos e ramos enormes. Golpes de marreta, mudas, enxertos, estacas, cercas vivas, camadas, não são suficientes para encher qualquer pessoa de deleite e espanto? A videira, por natureza, tende a cair e, a menos que seja sustentada, cai no solo; no entanto, para se manter de pé, ela abraça tudo o que alcança com seus tentáculos, como se fossem mãos. Então, à medida que ela avança, espalhando-se em profusão intrincada e selvagem, a arte do aparador faz a poda com uma faca e a impede de gerar uma floresta de brotos e se expandir em excesso em todas as direções. Consequentemente, no início da primavera, nos brotos que foram deixados, projeta-se em cada uma das juntas o que é denominado um olho. Daí a uva emerge e se exibe; inchada pelos sucos da terra e pelo calor do sol, é a princípio muito amarga ao paladar, mas depois torna-se doce à medida que amadurece; e para se cobrir de gavinhas, requer um calor moderado e, ainda assim, é capaz de afastar o calor ardente do sol. Pode algo ser mais rico em produtos ou mais bonito de se contemplar? Não é apenas a sua utilidade, como disse antes, que me encanta, mas o método de seu cultivo e o processo natural de seu crescimento: as fileiras de ramos ascendentes, as travessas para as copas das plantas, a amarração das vinhas e a sua propagação em camadas, a poda, a que já me referi, de alguns brotos e a solidificação de outros. Nem preciso mencionar a irrigação, ou abrir valas e cavar o solo, o que aumenta muito sua fertilidade. Quanto às vantagens da adubação, falei em meu livro sobre agricultura. O erudito Hesíodo não disse uma única palavra sobre este assunto, embora estivesse escrevendo sobre o cultivo do solo; no entanto, Homero, que em minha opinião veio muitas gerações antes, representa Laerte como um meio que atenuou seu arrependimento pelo filho, cultivando e adubando sua fazenda. Nem é apenas em campos de milho, prados, vinhas e plantações que a vida de um fazendeiro se faz alegre. Existem o jardim e o pomar, a alimentação das ovelhas, os enxames de abelhas, uma infinidade de variedades de flores. E não se trata apenas de plantar esses encantos: também há enxertos, certamente a invenção mais engenhosa já feita por agricultores.

16.

Posso continuar minha lista das delícias da vida no campo; mas mesmo o que eu já disse, acho que está um pouco longo. No entanto, você deve me perdoar; pois a agricultura é um dos meus passatempos favoritos, e a velhice é naturalmente um tanto tagarela, pois não pensem que eu a absolveria de todas as faltas.

Bem, foi em uma vida desse tipo que Mânio Cúrio, depois de celebrar triunfos sobre os samnitas, os sabinos e Pirro, passou seus últimos dias. Quando olho para sua casa de campo, pois não fica muito longe da minha, não consigo admirar o suficiente a frugalidade do homem ou o espírito da época. Enquanto Cúrio estava sentado em sua lareira, os samnitas, que lhe trouxeram uma grande soma de ouro, foram repelidos por ele; pois, disse ele, não era uma coisa rica aos seus olhos possuir ouro, mas governar aqueles que o possuíam. Poderia um espírito tão elevado deixar de tornar a velhice agradável?

Mas voltando aos fazendeiros, não me afastando do meu próprio meio. Naquela época, havia senadores, ou seja, velhos, em suas fazendas. Pois Lúcio Quíncio Cincinato estava realmente trabalhando quando soube que havia sido nomeado Ditador[6]. Foi por sua ordem como Ditador, aliás, que C. Servílio Aala, o Mestre do Cavalo, prendeu e matou Espúrio Mélio ao tentar obter o poder real. Tanto Cúrio quanto outros velhos costumavam receber suas convocações para comparecer ao Senado em suas casas de campo, circunstância em que os convocadores eram chamados de "*viatores*" ou "viajantes". Seria a velhice desses homens um motivo de piedade, dos que encontraram seu prazer no cultivo da terra? Em minha opinião, dificilmente qualquer vida pode ser mais abençoada, não só por sua utilidade (pois a agricultura é benéfica para toda a raça humana), mas também pelo mero prazer da coisa, à qual já aludi, e da rica abundância e suprimento de

---

[6] Do original "Dictator", era o magistrado supremo na Roma Antiga com poderes absolutos, que era nomeado para resolver situações de emergência. (N.T.)

todas as necessidades alimentares do homem e para a adoração dos deuses do alto. Portanto, como esses são objetos de desejo para certas pessoas, façamos as pazes com o prazer. Pois a adega e o depósito de azeite do bom e trabalhador fazendeiro, assim como sua despensa, estão sempre bem cheios, e toda a sua casa está ricamente mobiliada. Ela é abundante em porcos, cabras, cordeiros, galinhas, leite, queijo e mel. Depois, há o jardim, que os próprios fazendeiros chamam de "segundo reforço". Um tempero e um sabor são adicionados a tudo isso com a caça e a pesca das horas vagas. Devo mencionar a vegetação dos prados, as fileiras de árvores, a beleza das vinhas e do olival? Resumidamente: nada pode fornecer as coisas necessárias com mais riqueza, nem apresentar um espetáculo mais belo, do que uma terra bem cultivada. E para o deleite disso, a velhice não apenas não apresenta nenhum obstáculo; ela na verdade nos convida e atrai para isso. Pois onde mais alguém pode se aquecer melhor, seja tomando sol ou sentando-se perto do fogo, ou, no momento apropriado, se resfriar plenamente com a ajuda da sombra ou da água? Que os jovens mantenham suas armas então para si mesmos, seus cavalos, lanças, seus floretes e bola, suas piscinas para natação e pista de corrida. Para nós, os velhos, deixem, das várias formas de esporte, os dados e as fichas; mesmo assim, deixem para nós a escolha, já que a velhice pode ser muito feliz sem eles.

17.

Os livros de Xenofonte são muito úteis para vários propósitos. Peço que os leiam com atenção, como sempre o fazem. Em que termos amplos a agricultura é elogiada por ele no livro sobre a administração da propriedade, que é chamado de *Oeconomicus*! Mas para mostrar a você que ele não pensava nada tão digno de um príncipe quanto o gosto pelo cultivo do solo, traduzirei o que Sócrates diz a Critóbolo naquele livro: "Quando o mais galante lacedemônio Lisandro veio visitar o príncipe persa Ciro em Sárdis, tão eminente por seu caráter e a glória de seu governo, trazendo-lhe presentes de seus aliados, ele tratou Lisandro de todas as maneiras com cortês familiaridade e bondade, e, entre outras coisas, levou-o para ver um certo parque cuidadosamente cultivado. Lisandro expressou admiração pela altura das árvores e o arranjo exato de suas fileiras no quincôncio[7], o cultivo cuidadoso do solo, a ausência de ervas daninhas e a doçura dos odores exalados das flores, e passou a dizer que o que ele admirava não era apenas a diligência, mas também a habilidade do homem por quem fora planejado e executado. Ciro respondeu: 'Bem, fui eu quem planejou tudo, essas fileiras são de minha execução, a distribuição é toda minha; muitas das árvores foram até mesmo plantadas por minhas próprias mãos'. Então Lisandro, olhando para seu manto púrpura, o brilho de sua pessoa e seu adorno à moda persa, com ouro e muitas joias, disse: 'As pessoas têm toda a razão, Ciro, em chamá-lo de feliz, uma vez que as vantagens da alta fortuna foram reunidas a uma excelência como a sua'".

Esse tipo de bom destino, então, está nas mãos dos velhos para desfrutar; nem a idade é uma barreira para mantermos atividades de todos os outros tipos, e especificamente na agricultura, até a extrema velhice. Por exemplo, temos registrado que M. Valério Corvo a manteve até o centésimo ano, vivendo em suas terras e cultivando-as após o término de sua carreira ativa, embora entre o primeiro e o sexto consulados houvesse um intervalo de quarenta e seis anos. De forma que ele teve uma carreira oficial que durou o número de anos que nossos ancestrais definiram como ocorrendo entre o nascimento e o início da velhice. Além disso, aquele último período de sua velhice foi mais abençoado do que o de sua meia-idade, visto que ele teve maior influência e menos trabalho. Pois a graça suprema da velhice é a influência.

Quão grande foi a de L. Cecílio Metelo! Quão grande é a de Atílio Calatino, sobre quem foi colocado o famoso epitáfio: "Muitas classes concordam em considerar que este foi o primeiro homem da nação!". A frase entalhada

---

[7] O nome dado à disposição geométrica de cinco elementos em que quatro deles formam um quadrilátero, normalmente um quadrado, e o quinto elemento está centrado no cruzamento das diagonais. Um exemplo prático é a representação do número cinco na face de um dado comum. (N.T.)

em seu túmulo é bem conhecida. É natural, então, que um homem tenha tido influência, em cujo louvor o veredicto da história seja unânime. Mais uma vez, nos últimos tempos, que grande homem foi Públio Crasso, Pontífice Máximo, e seu sucessor no mesmo cargo, M. Lépido! Quase não preciso mencionar Paulo ou Africano, ou, como já fiz antes, Máximo. Não eram apenas suas declarações senatoriais que tinham peso: seus menores gestos também. Na verdade, a velhice, especialmente quando gozou de honras, tem uma influência que vale todos os prazeres da juventude juntos.

18.

Mas, em todo o meu discurso, lembre-se de que meu panegírico se aplica a uma velhice que foi estabelecida sobre alicerces lançados pela juventude. Do que se pode deduzir o que uma vez disse com aplauso universal, que seria uma velhice miserável aquela que tivesse que se defender pelo discurso. Nem os cabelos brancos nem as rugas podem ao mesmo tempo reivindicar a influência de si mesmos: é a conduta honrosa dos dias anteriores que é recompensada por possuir influência no final. Mesmo as coisas geralmente consideradas insignificantes e corriqueiras, ser saudado, ser cortejado, ter caminho aberto para si, ter pessoas se levantando quando alguém se aproxima, ter alguém para escoltá-lo do e para o fórum, ser consultado para conselhos, tudo isso são sinais de respeito, observados entre nós e em outros Estados, sempre mais diligentemente onde o tom moral é o mais elevado. Dizem que Lisandro, o espartano, a quem mencionei antes, costumava observar que Esparta era o lar mais digno para a velhice, pois em nenhum outro lugar se prestava mais respeito aos anos vividos, em nenhum lugar a velhice era tida em maior honra. Conta-se a história de como, quando um homem de idade avançada entrou no teatro de Atenas durante os jogos, nenhum espaço foi dado a ele em qualquer lugar naquela grande assembleia por seus próprios compatriotas; mas quando ele se aproximou dos lacedemônios, que, como embaixadores, tinham um lugar fixo designado para eles, levantaram-se como um só corpo em respeito ao veterano e lhe deram um assento. Ao serem saudados com muitos aplausos de todo o público, um deles comentou: "Os atenienses sabem o que é certo, mas não o fazem". Existem muitas regras excelentes em nosso colégio augural, mas entre as melhores está uma que afeta nosso assunto, que a precedência no discurso decorre da antiguidade; e os áugures mais velhos são preferidos apenas aos que ocuparam cargos mais elevados, mas mesmo aos que realmente possuem o *imperium*[8]. Quais são, então, os prazeres físicos a serem comparados com a recompensa da influência? Aqueles que o empregaram com distinção parecem-me ter representado o drama da vida até o fim, e não ter desmoronado no último ato, como atores inexperientes.

Mas, alguém dirá, os velhos são irritadiços, irrequietos, mal-humorados e desagradáveis. Se você chegar a esse ponto, eles também são avarentos. Mas essas são falhas do caráter, não do tempo de vida. E, afinal, a irritação e as outras faltas que mencionei admitem alguma desculpa; não, de fato, uma desculpa completa, mas uma que pode passar pelo teste: eles se consideram negligenciados, desprezados, zombados, além de que, com a fraqueza corporal, qualquer esfregadela é uma fonte de dor. No entanto, todas essas falhas são amenizadas tanto pelo bom caráter quanto pela boa educação. Exemplos disso podem ser encontrados na vida real, como também no palco, no caso dos irmãos no Adelphoe[9]. Que dureza de um, que maneiras graciosas de outro. O fato é que, assim como não é todo vinho, também não é toda vida que azeda ao ser guardada, uma gravidade maior eu aprovo na velhice, mas, como em outras coisas, deve estar dentro de limites devidos: amargura, em nenhum caso, eu posso aprovar. Qual pode

---

[8] Imperium é a palavra latina para definir o conceito romano de autoridade. É o poder de tomar auspícios, de levantar e comandar tropas, o direito de apresentar propostas nos comícios, a capacidade de deter e punir os cidadãos culpados e administrar a justiça nos assuntos privados. (N.T.)

[9] Adelphoe é uma peça teatral escrita por Terêncio (160 a.C.) que conta a história de dois irmãos separados na infância e criados por pais diferentes: o biológico, que era mais enérgico, e um segundo, que era mais permissivo. Serviu de inspiração para Molière na peça A Escola de Maridos de 1661. (N.T.)

ser o objeto da avareza senil, eu não consigo conceber. Pois pode haver algo mais absurdo do que buscar mais dinheiro para a viagem, quanto menos sobra da própria viagem?

19.

Resta a quarta razão, que mais do que qualquer outra coisa parece atormentar os homens da minha idade e mantê-los alvoroçados, *a proximidade da morte*, que, deve-se admitir, não pode estar muito longe de um homem velho. Mas que pobre caduco deve ser ele, que não aprendeu no curso de uma vida tão longa que a morte não é algo a ser temido? A morte, que ou deve ser totalmente ignorada, se extinguir totalmente a alma, ou até desejada, se for conduzi-lo para um lugar de existência eterna. Uma terceira alternativa, de qualquer forma, não pode ser descoberta. Por que, então, deveria ter medo se estou destinado a não ser infeliz após a morte ou mesmo a ser eternamente feliz? Afinal, quem é tolo a ponto de ter certeza, por mais jovem que seja, de que estará vivo à noite? Não, essa época da vida tem muito mais chances de morte do que a nossa. Os jovens contraem doenças com mais facilidade; suas doenças são mais graves; seu tratamento tem que ser mais severo. Por consequência, apenas alguns chegam à velhice. Se assim não fosse, a vida seria conduzida melhor e com mais sabedoria; pois é nos velhos que se encontram o pensamento, a razão e a prudência; e se não houvesse nenhum velho, os Estados nunca teriam existido. Mas volto ao assunto da iminência da morte. Que tipo de acusação é essa contra a velhice, quando você vê que é compartilhada também pelos jovens? Eu tinha motivos no caso do meu excelente filho, como você, Cipião, no de seus irmãos, que deveriam receber as maiores honras, para perceber que a morte é comum em todas as fases da vida. Sim, você vai dizer; mas um jovem espera viver muito; um velho não pode esperar fazer o mesmo. Bem, ele é um tolo se realmente esperar por isso. Pois o que pode ser mais tolo do que considerar o incerto como certo, o falso como verdadeiro? "Um velho não tem nada mais para ter esperança." Ah, mas é justamente aí que ele se encontra em melhor posição do que um jovem, pois o que este último só tem na esperança, o primeiro já deve ter obtido. O primeiro deseja viver muito; o segundo, já viveu muito.

E ainda, por deus! O que é "longo" na vida de um homem? Para conceder o limite máximo: vamos esperar por uma idade como a do Rei dos Tartessi. Pois havia, como eu descobri registrado, um certo Agatônio em Gades que reinou por oitenta anos e viveu cento e vinte. Mas, para mim, nada parece longo em que haja um "último", pois quando este chegar, todo o passado terá desaparecido, somente restará o que você alcançou pela virtude e por ações corretas. Na verdade, as horas, os dias, os meses e os anos se vão, nem o tempo passado jamais volta, nem o futuro pode ser conhecido antecipadamente. Qualquer que seja o tempo concedido a cada um para a vida, com isso ele estará fadado a se contentar. Um ator, para obter aprovação, não é obrigado a representar a peça do início ao fim; deixe-o apenas satisfazer a audiência em qualquer ato que apareça. Nem precisa um homem sábio prosseguir para o *plaudite*[10] final. Pois um curto período de vida é o suficiente para viver bem e com honra. Mas se você for mais longe, não terá mais direito de reclamar do que fazem os fazendeiros, porque o charme da primavera já passou e o verão e o outono chegaram. Pois a palavra "primavera" de certa forma sugere juventude e aponta para a safra vindoura: as outras estações são adequadas para a colheita e armazenamento das lavouras. Agora, a colheita da velhice é, como já disse muitas vezes, a memória e o rico estoque de bênçãos acumuladas em uma vida mais fácil. Novamente, todas as coisas que estão de acordo com a natureza devem ser consideradas boas. Mas o que pode estar mais de acordo com a natureza do que a morte dos mais velhos? Algo, de fato, que também atinge os jovens, embora a natureza se revolte e lute contra

---

[10] Uma pausa feita por um dos atores para pedir aplausos, ao final de um ato ou de uma peça de teatro. (N.T.)

isso. Consequentemente, a morte de jovens me parece como apagar um grande incêndio com um dilúvio de água; mas os velhos morrem como um incêndio que se apaga porque se extinguiu por sua própria natureza, sem meios artificiais. Mais uma vez, assim como as maçãs quando verdes são arrancadas das árvores, mas quando maduras e doces caem, é a violência que tira a vida dos jovens, a maturação a dos velhos. Este amadurecimento é tão delicioso para mim que, conforme me aproximo da morte, pareço estar avistando terra e finalmente chegando ao porto após uma longa viagem.

20.

Novamente, não há limite fixo para a velhice, e você está fazendo um uso bom e adequado disso, contanto que possa satisfazer o chamado do dever e desconsiderar a morte. O resultado disso é que a velhice é ainda mais confiante e corajosa do que a juventude. Esse é o significado da resposta de Sólon ao tirano Pisístrato. Quando este lhe perguntou em que confiava para se opor a ele com tanta ousadia, ele respondeu: "Na minha velhice". Mas esse fim de vida é o melhor, quando, sem o intelecto ou os sentidos serem prejudicados, a própria Natureza desmonta sua própria obra, que ela mesma um dia havia montado. Assim como o construtor de um navio ou de uma casa pode desmontá-los com mais facilidade do que qualquer outra pessoa, a natureza que monta a estrutura humana também pode desfazê-la melhor. Além disso, algo recém-colado é sempre mais difícil de separar; se for uma colagem antiga, isso é feito mais facilmente.

O resultado é que o pouco tempo de vida que lhes resta não deve ser agarrado pelos velhos com avidez gananciosa ou abandonado sem motivo. Pitágoras nos perdoe, sem uma ordem de nosso comandante, que é Deus, de abandonar a fortaleza e o posto avançado da vida. O epitáfio de Sólon, na verdade, é o de um homem sábio, no qual ele diz que não deseja que sua morte seja desacompanhada da tristeza e das lamentações de seus amigos. Ele quer, suponho, ser amado por eles. Mas acho que Ênio diz melhor:

*Ninguém me agraciou com suas lágrimas, nem chorou alto.
Tristes os meus ritos fúnebres!*

Ele afirma que a morte não é motivo de luto quando é seguida pela imortalidade.

Mais uma vez, pode haver alguma sensação de morrer e isso apenas por um curto espaço de tempo, especialmente no caso de um homem velho: depois da morte, de fato, a sensação é o que se deseja, ou desaparece por completo. Mas desconsiderar a morte é uma lição que deve ser estudada desde a juventude; pois a menos que isso seja aprendido, ninguém pode atingir uma mente tranquila. Pois morrer, certamente devemos, e isso também sem ter certeza se não pode acontecer no dia de hoje. Como a morte, portanto, está pairando sobre nossa cabeça a cada hora, como pode um homem permanecer inabalável na alma se ele a teme?

Mas sobre esse tema não acho que preciso ampliar muito: quando me lembro do que fez Lúcio Brutus, que foi morto enquanto defendia seu país; ou os dois Decii, que atiçaram seus cavalos a galopar e encontraram uma morte voluntária; ou M. Atílio Régulo, que deixou sua casa para enfrentar uma morte de tortura, em vez de quebrar a palavra que havia prometido ao inimigo; ou os dois Cipiões, que decidiram bloquear o avanço cartaginês até com seus próprios corpos; ou seu avô Lúcio Paulo, que pagou com a vida pela imprudência de seu colega na desgraça de Canas; ou M. Marcelo, cuja morte nem mesmo o mais sanguinário dos inimigos permitiria ficar sem a honra de um funeral. É suficiente lembrar que nossas legiões (como registrei em minhas *Origens*) muitas vezes marcharam com espírito alegre e elevado para um terreno do qual acreditavam que nunca voltariam. Que, portanto, o que os jovens, não apenas não instruídos, mas absolutamente ignorantes, tratam como algo sem importância, deveriam os homens, que não são nem jovens nem ignorantes, se encolher com o terror? Como uma verdade geral, ao que me parece, é o cansaço de todas as buscas que cria o cansaço da vida. Existem certas atividades adaptadas à infância: os jovens sentem falta delas? Existem outras que se adaptam ao início da idade adulta:

será que aquela época da vida estabelecida chamada "meia-idade" pede por elas? Existem outras, novamente, adequadas para aquela idade, mas não são procuradas na velhice. Existem, finalmente, algumas que pertencem à velhice. Portanto, assim como as atividades das idades anteriores têm seu tempo para desaparecer, o mesmo ocorre com as da velhice. E quando isso acontece, a saciedade da vida traz o tempo maduro para a morte.

21.

Pois não vejo por que não me arriscaria a dizer-lhes minha opinião pessoal quanto à morte, da qual, me parece, tenho uma visão mais clara à medida em que estou mais perto dela. Acredito, Cipião e Lélio, que seus pais, aqueles homens ilustres e meus queridos amigos, ainda estão vivos, e isso também com uma vida que, por si só, merece esse nome. Enquanto estivermos aprisionados nesta estrutura do corpo, desempenhamos uma determinada função e trabalho laborioso que nos foi atribuído pelo destino. A alma, de fato, é de origem celestial, forçada a descer de seu lar nas alturas e, por assim dizer, enterrada na terra, um lugar totalmente oposto à sua natureza divina e sua imortalidade. Mas suponho que os deuses imortais semearam almas espalhadas em corpos humanos, para que pudesse haver alguém para investigar o mundo e, enquanto contemplavam a ordem dos corpos celestes, imitá-los na invariável regularidade de suas vidas. Nem foram apenas a razão e os argumentos que me trouxeram a essa crença, mas a grande fama e autoridade dos mais ilustres filósofos. Costumava ouvir que Pitágoras e os pitagóricos, quase nativos de nosso país, que antigamente eram chamados de escola italiana de filósofos, nunca duvidaram de que tínhamos almas criadas a partir da inteligência universal divina. Além disso, eu costumava apontar para mim o discurso proferido por Sócrates no último dia de sua vida sobre a imortalidade da alma, Sócrates, que foi declarado pelo oráculo de Delfos como o mais sábio dos homens. Não preciso dizer mais nada. Eu me convenci e sustento, em vista do rápido movimento da alma, sua vívida memória do passado e seu conhecimento profético do futuro, suas muitas realizações, sua vasta gama de conhecimentos, suas numerosas descobertas, que uma natureza capaz de abraçar tais dons variados, não pode ser ela mesma mortal. E, uma vez que a alma está sempre em movimento e, no entanto, não tem nenhuma fonte externa que cause esse movimento, pois é automotriz, concluo que seu movimento também não terá fim, porque provavelmente nunca se abandonará. Novamente, uma vez que a natureza da alma não é material, nem tem nela qualquer mistura que não seja homogênea e semelhante, concluo que ela é indivisível e, se indivisível, não pode perecer. É novamente uma forte prova de que os homens sabem a maioria das coisas antes do nascimento, que quando meras crianças, apreendem inúmeros fatos com tal rapidez que mostram que não os estão absorvendo pela primeira vez, mas os rememorando e relembrando. Este é, aproximadamente, o argumento de Platão.

22.

Mais uma vez em Xenofonte, temos o ancião Ciro em seu leito de morte falando o seguinte: "Não suponham, meus queridos filhos, que quando eu os deixar, não estarei em lugar nenhum nem serei ninguém. Mesmo quando eu estava com você, vocês não viam minha alma, mas sabiam que ela estava neste meu corpo pelo que eu fiz. Acreditem então que ainda será o mesmo, embora vocês não a vejam. As honras prestadas a homens ilustres não teriam continuado a existir após sua morte, se as almas desses mesmos homens não tivessem feito algo para nos fazer reter nossa lembrança deles além do tempo regular. Quanto a mim, nunca fui convencido de que as almas, enquanto em corpos mortais, estivessem vivas e morreriam imediatamente quando os deixassem; nem, de fato, que a alma só perdeu toda a inteligência quando deixou o corpo não inteligente. Eu acredito antes que quando, por ser liberada de toda mistura corpórea, ela começou a ser pura e imaculada, é então que ela se torna sábia. E novamente, quando a estrutura natural do homem é dissolvida em seus elementos pela morte, é claramente visto para onde cada um dos outros elementos parte: pois todos eles vão para o lugar de onde vieram: mas apenas a alma é invisível, tanto quando presente, como no ato de sua partida. Mais uma vez, você vê que nada é tão semelhante à morte quanto o sono. No entanto, é nos adormecidos que as almas revelam mais claramente sua natureza divina; pois eles preveem muitos eventos quando têm permissão para escapar e são deixados em liberdade. Isso mostra o que provavelmente serão quando se libertarem completamente dos grilhões do corpo. Portanto, se essas coisas são assim, obedeçam-me como a um deus. Mas se minha alma for morrer com meu corpo, no entanto, por temor aos deuses, que guardam e governam este belo universo, preservem minha memória pela lealdade e piedade de suas vidas".

23.

Essas são as palavras do moribundo Ciro. Vou agora, com sua boa licença, olhar para casa. Ninguém, meu caro Cipião, jamais me convencerá de que seu pai Paulo e seus dois avôs Paulo e Africano, ou o pai de Africano, ou seu tio, ou muitos outros homens ilustres, desnecessários de mencionar, teriam tentado atos tão grandiosos como para serem preservados pela posteridade, não tivessem eles visto em suas mentes que as idades futuras os preocupavam. Você acha, para tirar o privilégio de um velho de um pouco de autoelogio, que eu provavelmente teria empreendido trabalhos tão pesados durante o dia e a noite, em casa e no exterior, se estivesse destinado a ter o mesmo limite de minha glória quanto à minha vida? Não teria sido muito melhor passar uma vida de tranquilidade e repouso sem nenhum trabalho ou esforço? Mas minha alma, não sei como, recusando-se a ser reprimida, sempre fixou os olhos nas idades futuras, como se por uma convicção de que só começaria a viver depois de deixar o corpo. Mas se não fosse o caso de as almas serem imortais, não teriam sido as almas de todos os melhores homens que fizeram os maiores esforços após uma imortalidade da fama.

Mais uma vez, não existe o fato de que o homem mais sábio jamais morre com a maior alegria, o mais insensato com a menor? Você não acha que a alma que tem uma visão mais clara e mais longa, vê que está começando para coisas melhores, enquanto a alma cuja visão é mais turva, não o vê? De minha parte, sinto-me emocionado com o desejo de ver seus pais, que foram objeto de minha reverência e carinho. Nem são apenas aqueles que eu conhecia que anseio ver; são também aqueles de quem ouvi e li, que eu mesmo registrei em minha história. Quando estou me preparando para isso, certamente não há ninguém que ache fácil me puxar de volta, ou me ferver de novo como um segundo Pelião[11]. Não, se algum deus me permitisse rever minha infância da minha idade atual e mais uma vez chorar em meu berço, eu recusaria firmemente; nem deveria, na verdade, estar disposto, depois de ter, por assim dizer, percorrido todo o percurso, a ser chamado de volta quando estivesse cruzando a linha de vitória. Pois que bênção a vida tem a oferecer? Não deveríamos antes dizer que trabalho? Mas, admitindo que tenha, de algum modo, afinal, um limite para o gozo ou para a existência. Não desejo depreciar a vida, como fizeram muitos homens e bons filósofos; nem me arrependo de ter vivido, pois fiz isso de uma maneira que me faz pensar que não nasci em vão. Mas saio da vida como sairia de uma estalagem, não como o faria de um lar. Pois a natureza nos deu um lugar de entretenimento, não de residência.

Oh, dia glorioso em que eu partirei para me juntar àquele conclave celestial e companhia de almas, e partir da turbulência e das impurezas deste mundo! Pois não irei juntar-me apenas aos que mencionei antes, mas também a meu filho Catão, de quem nenhum homem melhor jamais nasceu, nem outro mais conspícuo pela piedade. Seu corpo foi queimado por mim, embora o meu devesse, ao contrário, ter sido queimado por ele;

---

[11] Pélio ou Pelião era um assentamento da tribo caônia dos assertas, localizado na atual Albânia, que foi totalmente incendiado em 323 a.C. (N.T.)

mas seu espírito, não me abandonando, mas sempre olhando para trás em minha direção, certamente foi para onde ele viu que eu também devo ir. Acreditava-se que eu teria suportado essa perda heroicamente, não que realmente a tivesse suportado sem angústia, mas encontrei meu próprio consolo no pensamento de que a separação e despedida entre nós não duraria muito.

É por esses meios, meu caro Cipião, pois você disse que você e Lélio costumavam expressar surpresa sobre este ponto, que minha velhice me afeta de leve, e não só não é opressiva, mas também deliciosa. Mas se estou errado em pensar que a alma humana é imortal, fico feliz em estar errado; nem permitirei que o erro que tanto me dá prazer seja arrancado de mim enquanto eu viver. Mas se, quando morto, como pensam alguns filósofos insignificantes, não tiver mais nenhuma sensação, não tenho medo de que os filósofos mortos zombem de meus erros. Novamente, se não podemos ser imortais, não obstante, é o que um homem deve desejar, que sua vida termine em seu devido tempo. Pois a natureza impõe um limite à vida como a tudo o mais. Agora, a velhice é como se fosse a saída de um drama, todo o cansaço do qual devemos fugir, especialmente quando também sentimos que já estamos fartos dele.

Isso é tudo que eu tinha a dizer sobre a velhice. Rezo para que você chegue a ela, que você possa colocar minhas palavras em um teste prático.

SOBRE A AMIZADE

1.

O áugure Quinto Múcio Cévola costumava recontar várias histórias sobre seu sogro Caio Lélio, lembradas com precisão e contadas com charme; e sempre que falava dele, dava-lhe o título de "o sábio" sem qualquer hesitação. Fui apresentado por meu pai a Cévola assim que assumi a *toga virilis*[12], e aproveitei a apresentação para nunca mais sair de perto do venerável homem, enquanto pudesse ficar, e ele fosse poupado para nos fazer companhia. A consequência foi que guardei na memória muitas das dissertações dele, bem como muitos apotegmas[13] curtos e afiados, e, em resumo, tirei o máximo de proveito de sua sabedoria. Quando ele morreu, apeguei-me a Cévola, o Pontífice, a quem me atrevo a chamar de o mais ilustre de nossos compatriotas por sua habilidade e retidão. Mas, sobre este último, vou deixar para falar em futuras ocasiões. Para voltar a Cévola,

---

[12] Toga viril, em tradução livre do latim, que era a primeira toga recebida por um adolescente do sexo masculino ao sair da infância, num rito de passagem presidido pela deusa Juventas que marcava a sua entrada para a fase adulta. Também conhecida como "a toga da masculinidade". (N.T.)

[13] Apotegmas (ou apoftegmas) eram ditos ou palavras memoráveis por alguma personagem importante ou celebridade. (N.T.)

o áugure. Entre muitas outras ocasiões, lembro-me particularmente de uma. Ele estava sentado em um banco de jardim semicircular, como era seu costume, quando eu e alguns poucos amigos íntimos estávamos por perto, e, por acaso, ele mudou a conversa para um assunto que naquela época estava na boca de muitas pessoas. Você deve se lembrar, Ático, por ter sido muito íntimo de Públio Suplício, que expressões de espanto, ou mesmo de indignação, foram evocadas por sua disputa mortal, como tribuno, com o cônsul Quinto Pompeu Aulo, com quem ele havia vivido em termos da maior intimidade e afeto. Bem, nesta ocasião, por acaso, para mencionar esta circunstância particular, Cévola detalhou-nos um discurso de Lélio sobre amizade, entregue a si mesmo e ao outro genro de Lélio, Caio Fânio, filho de Marcus Fânio, poucos dias após a morte do General Cipião Africano. Os pontos dessa discussão eu guardei na memória e os organizei neste livro ao meu próprio critério. Pois eu trouxe os palestrantes, por assim dizer, pessoalmente ao meu palco para evitar o constante "disse eu" e "disse ele" para essa narrativa, e para dar ao discurso a aparência de ser proferido oralmente em nossa audiência.

Você sempre me incentivou a escrever algo sobre Amizade, e reconheci perfeitamente que o assunto parecia valer a pena ser investigado por todos, e especialmente adequado para a intimidade que existiu entre você e eu. Consequentemente, eu estava pronto para beneficiar o público a seu pedido.

Quanto às personagens do drama. No tratado Sobre a Velhice, que dediquei a você, apresentei Catão como o orador principal. Ninguém, pensei, poderia falar com maior propriedade sobre a velhice do que alguém que já era velho há mais tempo do que qualquer outra pessoa, e que fora excepcionalmente vigoroso em sua idade avançada. Da mesma forma, tendo aprendido pela tradição que, de todas as amizades, aquela entre Caio Lélio e Públio Cipião era a mais notável, pensei que Lélio seria a pessoa certa para apoiar o papel principal em uma discussão sobre amizade, que Cévola lembrou que ele realmente havia assumido. Além disso, uma discussão desse tipo ganha, de alguma forma, peso em relação à autoridade dos homens da antiguidade, especialmente se por acaso eles tiveram algum destaque. Então acontece que, ao ler novamente o que eu mesmo escrevi, às vezes tenho a sensação de que, na verdade, é Catão quem está falando, e não eu.

Por fim, como lhe enviei o ensaio anterior como um presente de um velho para outro, dediquei este texto Sobre a Amizade como um amigo muito afetuoso para o outro. No anterior, Catão falou que era o homem mais velho e mais sábio de sua época; nele, Lélio fala sobre amizade, ele que foi ao mesmo tempo um homem sábio (esse foi o título que lhe foi dado) e eminente por sua famosa amizade. Por favor, me esqueça um pouco; imagine Lélio falando.

Caio Fânio e Quinto Múcio vêm visitar seu sogro após a morte de Africano. Eles iniciam o assunto; Lélio responde a eles. E todo o ensaio sobre amizade é dele. Ao lê-lo, você reconhecerá uma imagem de si mesmo.

2.

FÂNIO

– Você está certo, Lélio! Nunca houve personagem melhor ou mais ilustre do que Africano. Mas você deve considerar que, no momento presente, todos os olhos estão voltados para você. Todo mundo o chama de "o sábio" por excelência, e pensa assim sobre você. A mesma marca de respeito foi prestada recentemente a Catão, e sabemos que na última geração Lúcio Atílio foi chamado de "o sábio". Mas em ambos os casos a palavra foi aplicada com uma certa diferença. Atílio foi assim chamado devido à sua reputação de jurista; Catão recebeu esse nome como uma espécie de título honorário, e já em idade extremamente avançada, por causa de sua experiência em variados negócios, e sua reputação de previsão e firmeza, e a sagacidade das opiniões que emitiu no Senado e no Fórum. Você, no entanto, é considerado sábio em um sentido um tanto diferente, não apenas por causa de sua habilidade e caráter naturais, mas também de sua diligência e aprendizado; e não no sentido vulgar, mas naquele em que os estudiosos conferem esse título. Nesse sentido, não lemos sobre ninguém sendo considerado sábio na Grécia, exceto por um homem em Atenas; e ele, com certeza, foi declarado pelo oráculo de Apolo ser também "o homem supremamente sábio". Pois aqueles que comumente atendem pelo nome de Sete Sábios não são admitidos na categoria dos sábios por críticos meticulosos. As pessoas acreditam que sua sabedoria consiste nisso, que você se considera autossuficiente e considera as mudanças e chances da vida mortal como impotentes para afetar sua virtude. Consequentemente, eles estão sempre me perguntando, e sem dúvida também nosso Cévola aqui, como você suportou a morte de Africano. Esta curiosidade foi ainda mais atiçada pelo fato de que no Nones[14] deste mês, quando nós, os profetas, nos encontramos como de costume na vila suburbana de Décimo Bruto para o conselho, você não estava presente, embora sempre tenha sido seu hábito manter esse compromisso e cumprir esse dever com regularidade.

CÉVOLA

– Sim, de fato, Lélio, sempre me fazem a pergunta mencionada por Fânio. Mas eu respondo de acordo com o que observei: digo que você carrega de maneira justa a dor que sofreu pela morte de alguém que foi, ao mesmo tempo, um homem do mais ilustre caráter e um amigo muito querido. Que é claro que você não poderia deixar de ser afetado; qualquer outra coisa seria totalmente antinatural em um homem de natureza cordial; mas que a causa de sua não participação em nossa reunião do colegiado foi doença, não melancolia.

LÉLIO

– Obrigado, Cévola! Você está certo; você falou a verdade exata. Pois, de fato, eu não tinha o direito de me permitir estar afastado de um dever que sempre cumpri regularmente, desde que estivesse bem, por qualquer

---

[14] Nones, no antigo calendário romano, era o nono dia antes do ides (13º ou 15º dia do mês) pelo cálculo inclusivo, isto é, o 7º dia de março, maio, julho e outubro, ou o 5º dos demais meses. (N.T.)

infortúnio pessoal; nem acho que haja qualquer coisa possível de acontecer que venha a forçar um homem de princípios a não cumprir um dever. Quanto a você me contar, Fânio, sobre a denominação honrosa que me foi dada (uma denominação para a qual não reconheço meu título e para o qual não faço nenhuma reivindicação), você sem dúvida age por sentimentos de afeto; mas devo dizer que me parece que você faz menos do que justiça a Catão. Se alguém alguma vez foi "sábio", e disso tenho minhas dúvidas, esse foi Catão. Deixando de lado tudo o mais, considere como ele suportou a morte do filho! Eu não tinha me esquecido de Paulo; tinha visto Caio com meus próprios olhos. Mas eles perderam seus filhos quando eram ainda crianças; Catão perdeu o dele quando já era um homem adulto, com uma reputação garantida. Portanto, não tenha pressa em considerar como superior de Catão nem mesmo aquele personagem famoso que Apolo, como você diz, declarou ser "o mais sábio". Lembre-se de que a reputação do primeiro se baseia em ações, a do segundo, em palavras.

3.

Agora, no que me diz respeito (falo com vocês dois agora), acreditem, o caso está assim. Se eu dissesse que não fui afetado pelo arrependimento por Cipião, devo deixar que os filósofos justifiquem minha conduta, mas, na verdade, estaria mentindo. É claro que estou afetado pela perda de um amigo, que penso nunca mais haverá outro igual, como posso dizer, sem medo de errar, que nunca houve outro antes. Mas não preciso de remédios. Posso encontrar meu próprio consolo, que consiste principalmente em me livrar da noção equivocada que geralmente causa dor pela partida de um grande amigo. Para Cipião, estou convencido de que nenhum mal aconteceu: o desastre é todo meu, se houver desastre; e ficar severamente angustiado com os próprios infortúnios não demonstra que você ama seu amigo, mas que ama mais a si mesmo.

Quanto a ele, quem pode dizer que tudo não está mais do que bem? Pois, a menos que ele tenha tido a fantasia de desejar a imortalidade, a última coisa em que ele pode ter pensado, o que pode existir no desejo de qualquer mortal que ele não tenha alcançado? Em sua juventude, ele mais do que justificou, com extraordinária coragem pessoal, as esperanças que seus concidadãos tinham depositado nele quando criança. Nunca foi candidato a cônsul, mas foi eleito cônsul duas vezes: a primeira, antes da maioridade; a segunda, em um momento que, para ele, foi breve, mas estava perto de ser tarde demais para os interesses do Estado. Com a derrubada de duas cidades que eram as inimigas mais ferrenhas de nosso Império, ele pôs fim não só às guerras que então eram travadas, mas também à possibilidade de outras no futuro. Que necessidade há de mencionar a graça requintada de seus modos, sua devoção zelosa à mãe, a generosidade para com as irmãs, a liberalidade com suas relações, a integridade de sua conduta para com todos? Você já sabe de tudo isso. Finalmente, a estima em que seus concidadãos o tinham foi demonstrada pelos sinais de luto que acompanharam suas exéquias. O que um homem assim poderia ter ganho com a adição de alguns anos de vida? Embora a idade não precise ser um fardo, como me lembro de Catão discutindo na minha presença e de Cipião dois anos antes de morrer, ela não deixou de diminuir o vigor e o frescor de que Cipião ainda estava desfrutando. Podemos concluir, portanto, que sua vida, pela boa sorte que o acompanhou e pela glória que obteve, foi tão circunstancial que não poderia ser melhorada, enquanto a rapidez de sua morte o salvou da sensação de estar em processo de término da vida. Quanto ao modo como morreu, é difícil falar; você vê o que as pessoas suspeitam. Assim, porém, posso dizer: Cipião em sua vida viu muitos dias de triunfo supremo e exultação, mas nenhum mais magnífico do que o último, no qual, após a ascensão do Senado, foi escoltado pelos senadores e pelo povo de Roma, pelos aliados e pelos latinos, à sua própria porta. De tal elevação da estima popular, o próximo passo parece naturalmente ser uma ascensão aos deuses do alto, ao invés de uma descida ao Hades.

4.

Pois não sou um desses filósofos modernos que afirmam que nossas almas perecem com nossos corpos e que a morte acaba com tudo. Para mim, a opinião tradicional tem mais peso: seja a de nossos próprios ancestrais, que rendiam aos seus mortos tais observâncias solenes, como eles claramente não o teriam feito se tivessem acreditado que estavam totalmente aniquilados com a morte; ou a dos filósofos que uma vez visitaram este país, e que por suas máximas e doutrinas educaram a Magna Grécia, que naquela época estava em uma condição florescente, embora agora esteja decadente; ou a do homem que foi declarado pelo oráculo de Apolo como "o mais sábio", e que costumava ensinar sem a variação que pode ser encontrada na maioria dos filósofos que "as almas dos homens são divinas, e que, quando elas deixarem o corpo, a possibilidade de um retorno ao céu está aberto para elas, com menos dificuldades para aqueles que foram mais virtuosos e justos." Essa opinião era compartilhada por Cipião. Poucos dias antes de sua morte, como se tivesse um pressentimento do que estava por vir, ele discursou por três dias sobre a situação da república. Seus companheiros consistiam em Filo, Mânlio e vários outros, e eu trouxe você, Cévola, junto comigo. A última parte de seu discurso se referia principalmente à imortalidade da alma; pois ele nos contou o que ouvira do velho Africano em um sonho. Ora, se é verdade que, em proporção à bondade de um homem, a libertação do que se pode chamar de prisão e laços da carne é mais fácil; quem podemos imaginar que teve uma viagem mais fácil para os deuses do que Cipião? Estou disposto a pensar, portanto, que, no caso dele, o luto seria um sinal de inveja e não de amizade. Se, no entanto, a verdade crua é que o corpo e a alma morrem juntos e nenhuma sensação permanece, então, embora não haja nada de bom na morte, pelo menos não há nada de ruim. Remova as sensações de um homem e será exatamente como se nunca tivesse nascido; e embora o simples fato desse homem ter nascido já seja uma alegria para mim, será um assunto de alegria para este Estado até a sua última hora.

Cícero

Portanto, como eu disse antes, tudo está tão bem quanto possível com ele. Não é assim comigo; pois, como entrei na vida antes dele, teria sido mais justo comigo tê-la deixado também antes dele. No entanto, é tamanho o prazer que sinto ao relembrar nossa amizade, que considero minha vida feliz porque a passei com Cipião. Com ele, estive associado a negócios públicos e privados; com ele morei em Roma e servi no estrangeiro; e entre nós havia a mais completa harmonia em nossos gostos, objetivos e sentimentos, que é o verdadeiro segredo da amizade. Não é, portanto, naquela reputação para a sabedoria, mencionada agora há pouco por Fânio, especialmente por ser infundada, que encontro tamanha felicidade, como se na esperança de que a memória de nossa amizade seja duradoura. O que me faz me preocupar mais com isso é o fato de que em toda a história quase não há muito mais do que três ou quatro pares de amigos registrados; e é irmanado com eles que nutro a esperança de que a amizade de Cipião e Lélio seja conhecida pela posteridade.

Fânio

Claro que deve ser assim, Lélio. Mas já que você mencionou a palavra amizade, e nós estamos à vontade, você estaria me fazendo uma grande gentileza, e espero que Cévola também, se fizer como é seu costume fazer, quando questionado sobre outros assuntos, e nos diga os seus sentimentos sobre a amizade, sua natureza e as regras a serem observadas em relação a ela.

Cévola

É claro que ficarei encantado. Fânio antecipou exatamente o pedido que eu estava prestes a fazer. Portanto, você estará nos fazendo um grande favor.

5.

Lélio

Eu certamente não faria objeções se sentisse confiança em mim mesmo. Pois o tema é nobre e estamos (como disse Fânio) relaxados. Mas quem sou eu? E que habilidades tenho? O que você propõe é muito bom para os filósofos profissionais, que estão acostumados, principalmente se forem gregos, a ter o assunto para discussão proposto a eles no calor do momento. É uma tarefa de considerável dificuldade e requer muita prática. Portanto, para um discurso definido sobre amizade, você deve recorrer, creio eu, a palestrantes profissionais. Tudo o que posso fazer é exortá-lo a considerar a amizade como a melhor coisa do mundo; pois não há nada que se encaixe tão bem em nossa natureza, ou seja, exatamente o que desejamos na prosperidade ou na adversidade.

Mas devo desde o início estabelecer este princípio, a amizade só pode existir entre homens bons. Não insisto nisso, entretanto, como os filósofos que levam suas definições a uma exatidão supérflua. Eles têm a verdade do seu lado, talvez, mas não têm nenhuma vantagem prática. Aqueles, quero dizer, que dizem que ninguém, exceto o "sábio", é "bom". Concordamos, por todos os meios. Mas a "sabedoria" sobre a qual eles falam é aquela que nenhum mortal jamais alcançou. Devemos nos preocupar com os fatos da vida cotidiana como os encontramos, não com perfeições imaginárias e ideais. Mesmo Caio Fânio, Mânlio Círio e Tibério Coruncânio, que nossos ancestrais decidiram ser "sábios", eu nunca poderia declarar sê-lo, de acordo com o padrão deles. Que eles, então, guardem esta palavra "sabedoria" para si mesmos. Todo mundo fica irritado com isso; ninguém entende o que significa. Que eles apenas concedam que os homens que mencionei eram "bons". Não, eles também não farão isso. Ninguém além dos "sábios" pode receber esse título, dizem eles. Bem, então, vamos descartá-los e administrar o melhor que pudermos com nossa pobre sagacidade materna, como diz o ditado.

Entendemos então por "bons" aqueles cujas ações e vidas não deixam dúvidas quanto à sua honra, pureza, equidade e liberalidade; que estão livres de ganância, luxúria e violência; e que têm a coragem de suas convicções. Os homens que acabei de citar podem servir como exemplo. Homens como esses sendo geralmente considerados "bons", vamos concordar em chamá-los assim, com o fundamento de que, da melhor maneira possível, eles seguem a natureza como o guia mais perfeito para uma vida boa.

Agora essa verdade me parece clara, que a natureza assim nos formou, de tal maneira que um certo laço nos une a todos, mas que esse laço se torna mais forte com a proximidade. Assim é que nossos concidadãos são preferidos em nossas afeições em relação aos estrangeiros; parentes em detrimento a estranhos; pois, no caso deles, a própria natureza fez com que existisse uma espécie de amizade, embora faltem alguns dos elementos para a sua permanência. A amizade supera o relacionamento nisso, pois embora você possa eliminar o afeto do relacionamento, não pode fazê-lo com a amizade. Sem ele, o relacionamento ainda existe no nome, a amizade, não. Você pode entender melhor essa amizade considerando que, enquanto os laços meramente naturais que unem a raça humana são indefinidos, este é tão concentrado e confinado a uma esfera tão estreita, que o afeto é sempre compartilhado por duas pessoas apenas ou no máximo por alguns.

6.

Agora a amizade pode ser assim definida: um acordo completo em todos os assuntos humanos e divinos, unido com boa vontade e afeição mútuas. E com exceção da sabedoria, estou inclinado a pensar que nada melhor do que isso foi dado ao homem pelos deuses imortais. Há pessoas que abençoam as riquezas ou boa saúde, ou o poder e o ofício; muitos, até os prazeres sensuais. Este último é o ideal das bestas brutas; e dos outros podemos dizer que são frágeis e inseguros, e dependem menos de nossa própria prudência do que do capricho do destino. Depois, há aqueles que encontram o "bem supremo" na virtude. Bem, essa é uma doutrina nobre. Mas a própria virtude de que falam é a base e preservadora da amizade, e sem ela a amizade não pode existir.

Vamos, repito, usar a palavra virtude na aceitação e no significado comuns do termo, e não vamos defini-la em linguagem exagerada. Consideremos como boas as pessoas geralmente consideradas assim, como Paulo, Catão, Caio, Cipião e Filo. Homens como esses são bons o suficiente para a vida cotidiana; e não precisamos nos preocupar com aquelas personagens ideais, que estão longe de ser encontradas.

Bem, entre homens assim, as vantagens da amizade são quase mais do que posso afirmar. Para começar, como pode valer a pena viver, para usar as palavras de Ênio, quando falta aquele repouso que se encontra na boa vontade mútua de um amigo? O que pode ser mais agradável do que ter alguém a quem você possa dizer tudo com a mesma confiança absoluta que você teria em si mesmo? A prosperidade não perde a metade de seu valor, quando você não tem ninguém com quem compartilhar sua alegria? Por outro lado, os infortúnios seriam difíceis de suportar se não houvesse alguém que os sentisse ainda mais intensamente do que você. Em suma, outros objetos de ambição servem para fins específicos: riquezas para usar, poder para garantir homenagens, cargos para a reputação, o prazer para gozo, saúde para libertar-se da dor e o pleno uso das funções do corpo. Mas a amizade envolve inúmeras vantagens. Vire para onde quiser, e você a encontrará à sua disposição. Está em todo lugar; e ainda assim nunca fora de lugar, nunca indesejável. O próprio fogo e a água, para usar uma expressão comum, não têm um uso mais universal do que a amizade. Não estou falando agora de sua forma comum ou modificada, embora até mesmo essa seja uma fonte de prazer e lucro, mas daquela amizade verdadeira e completa, que existia entre os poucos escolhidos que são conhecidos pela fama. Essa amizade aumenta a prosperidade e alivia a adversidade de seu destino, dividindo-a pela metade e a compartilhando.

7.

E grandes e numerosas como são as bênçãos da amizade, esta certamente é a soberana, que nos dá esperanças brilhantes para o futuro e impede a fraqueza e o desespero. Diante de um verdadeiro amigo, um homem vê como se este fosse um segundo eu. De modo que, onde estiver seu amigo, também ele estará; se seu amigo é rico, ele não será pobre; mesmo que ele seja fraco, a força de seu amigo é sua também; e na vida de seu amigo ele desfruta de uma segunda vida, depois que a sua própria termina. Essa última é talvez a mais difícil de conceber. Mas tal é o efeito do respeito, da lembrança amorosa e do arrependimento dos amigos que nos seguem até o túmulo. Enquanto eles removem o aguilhão da morte, adicionam uma glória à vida dos sobreviventes. Não, se eliminar da natureza o vínculo afetivo, não haverá mais casa ou cidade, nem mesmo restará o cultivo do solo. Se você não enxerga a virtude da amizade e da harmonia, pode aprendê-la observando os efeitos das brigas e rixas. Alguma família já foi tão bem estabelecida, algum Estado tão firmemente instalado, a ponto de estar fora do alcance da destruição total de animosidades e facções? Isso poderia ensinar-lhe a imensa vantagem da amizade.

Dizem que um certo filósofo de Agrigento, em um poema grego, pronunciou com a autoridade de um oráculo a doutrina de que tudo o que era imutável na natureza e no universo, o seria em virtude da força vinculante da amizade; tudo o que era mutável, o seria pelo poder solvente da discórdia. E, de fato, essa é uma verdade que todos entendem e praticamente atestam por experiência. Pois se qualquer exemplo marcante de amizade leal em confrontar ou compartilhar o perigo vem à tona, todos o aplaudem com entusiasmo. Que vivas houve, por exemplo, por todo o teatro em uma passagem da nova peça de meu amigo e convidado Pacúvio; onde o rei, sem saber qual dos dois era verdadeiramente Orestes, Pílades se declarou Orestes para morrer em seu lugar, enquanto o verdadeiro Orestes continuava afirmando que era ele. O público se levantou em massa e bateu palmas. E isso foi num incidente de ficção: o que teriam feito, devemos supor, se tivesse acontecido na realidade? Você pode ver facilmente como é um sentimento natural, quando homens que não teriam tido a decisão de agir assim, demonstram como achavam isso correto nas atitudes de uma outra pessoa.

Acho que não tenho mais nada a dizer sobre amizade. Se houver mais, e não tenho dúvidas de que há muito, você deve, se quiser, consultar aqueles que professam discutir tais assuntos.

FÂNIO

Preferimos pedir isso a você. No entanto, muitas vezes consultei essas pessoas e ouvi o que elas tinham a dizer com certa satisfação. Mas, em seu discurso, sentimos de alguma forma que há uma tendência diferente.

CÉVOLA

Você teria dito isso ainda mais, Fânio, se estivesse presente outro dia nos jardins de Cipião, quando discutimos sobre o Estado. Com que esplendor ele defendeu a justiça contra o elaborado discurso de Filo.

FÂNIO

Ah! Era naturalmente fácil para o mais justo dos homens defender a justiça.

CÉVOLA

Bem, então, e a amizade? Quem poderia discorrer sobre isso com mais facilidade do que o homem cuja maior glória é uma amizade mantida com a mais absoluta fidelidade, constância e integridade?

8.

LÉLIO

Agora você está realmente usando a força. Não faz diferença o tipo de força que você usa: ainda é força. Pois não é fácil nem certo recusar um desejo de meus genros, especialmente quando o desejo é meritório em si mesmo.

Pois bem, muitas vezes me ocorreu, ao pensar em amizade, que o principal ponto a ser considerado era este: são as fraquezas e a falta de recursos que tornam a amizade desejada? Quer dizer, seu objetivo é um intercâmbio de bons ofícios, para que cada um possa dar aquilo em que é forte e receber aquilo em que é fraco? Ou não é bem verdade que, embora esta seja uma vantagem naturalmente pertencente à amizade, sua causa original é bem outra, anterior no tempo, mais nobre em caráter e mais diretamente originária de nossa própria natureza? A palavra latina para amizade, *amicitia*, é derivada daquela para amor, que é certamente o principal motor para conquistar a afeição mútua. Pois, quanto às vantagens materiais, muitas vezes acontece de serem obtidas até mesmo por homens que são cortejados por uma simples demonstração de amizade, e tratados com respeito por motivos de puro interesse. Mas a amizade, por sua natureza, não admite fingimento, nem pretensão: até onde vai, é genuína e espontânea. Portanto, deduzo que a amizade surge de um impulso natural, e não de um desejo de ajuda: de uma inclinação do coração, combinada com um certo sentimento instintivo de amor, em vez de um cálculo deliberado da vantagem material que provavelmente conferiria. A força desse sentimento você pode notar em certos animais. Eles mostram tanto amor por seus descendentes por um certo período, e são tão amados por eles, que claramente compartilham dessa afeição natural e instintiva. Mas é claro que é mais evidente no caso do homem: primeiro, na afeição natural entre os filhos e seus pais, uma afeição que só a perversidade chocante pode separar; e a seguir, quando a paixão do amor atingiu uma força semelhante, em nossa descoberta, isto é, alguém com cujo caráter e natureza temos total simpatia, porque pensamos que percebemos nele o que posso chamar de farol da virtude. Pois nada inspira o amor, nada concilia o afeto como a virtude. Por que, em certo sentido, podemos dizer que sentimos afeição até mesmo por homens que nunca vimos, devido à sua honestidade e virtude. Quem, por exemplo, deixa de se deter na memória de Caio Fabrício e Mânio Cúrio com alguma afeição e calor de sentimento, embora nunca os tenha visto? Ou quem não odeia Tarquínio, O Soberbo, Espúrio Cássio, Espúrio Mélio? Lutamos pelo império na Itália contra dois grandes generais, Pirro e Aníbal. Pelo primeiro, devido à sua probidade, não nutrimos grandes sentimentos de inimizade: o segundo, devido à sua crueldade, nosso país o detestou e sempre o detestará.

9.

Agora, se a atração da honestidade é tão grande que podemos amá-la, não apenas naqueles que nunca vimos, mas, o que é mais incrível, até em um inimigo, não precisamos nos surpreender se o afeto dos homens for despertado quando imaginam que viram a virtude e a bondade naqueles com quem uma grande proximidade seria possível. Não nego que o afeto se fortaleça pelo próprio recebimento dos benefícios, bem como pela percepção da vontade de prestar serviço, aliada a uma relação mais estreita. Quando estes são adicionados ao impulso original do coração, ao qual aludi, um calor de sentimentos bastante surpreendentes surge. E se alguém pensa que isso vem de um sentimento de fraqueza, que cada um pode ter alguém para ajudá-lo em sua necessidade particular, tudo o que posso dizer é que, quando afirma que ela nasce da carência e da pobreza, concede à amizade uma origem muito vil, e um *pedigree*, se me permitem a expressão, nada nobre. Se fosse esse o caso, a inclinação de um homem para a amizade seria exatamente proporcional à sua opinião negativa sobre seus próprios recursos. Considerando que a verdade é exatamente o contrário. Pois, quando a confiança de um homem em si mesmo é maior, quando ele está tão fortalecido pela virtude e pela sabedoria a ponto de não querer nada e se sentir absolutamente autossuficiente, é então que ele se torna mais notável por buscar e manter amizades. Africano, por exemplo, queria alguma coisa de mim? Nada, nem o mínimo desse mundo! Nem eu queria nada dele. No meu caso, era uma admiração de sua virtude; no dele, uma opinião, quem sabe, que ele nutria sobre meu caráter, que causou nossa afeição. Uma intimidade mais próxima acrescentada ao calor de nossos sentimentos. Mas, embora muitas grandes vantagens materiais tenham surgido, não foram elas a fonte de onde veio a nossa afeição. Pois como não somos beneficentes e liberais com qualquer objetivo de extorquir gratidão, e não consideramos um ato de bondade como um investimento, mas seguimos uma inclinação natural para a liberalidade; assim, consideramos que vale a pena tentar a amizade, não porque somos atraídos por ela pela expectativa de um ganho posterior, mas pela convicção de que o que ela tem a nos dar, está, do princípio ao fim, incluído no próprio sentimento.

Muito diferente é a visão daqueles que, como os animais selvagens, atribuem tudo ao prazer sensual. E não é de se admirar. Homens que degradaram todas as suas faculdades de pensamento a um objeto tão mesquinho e desprezível podem, naturalmente, erguer os olhos para nada elevado, nada grandioso e divino. Tais pessoas, de fato, deixam-nos fora da presente questão. E aceitemos a doutrina de que a sensação de amor e o calor da disposição têm sua origem em um sentimento espontâneo, que eleva imediatamente a presença da integridade. Uma vez que os homens conceberam a disposição, eles obviamente tentam se apegar ao objeto dela e se aproximar cada vez mais desse objeto. Seu objetivo é que eles possam estar no mesmo pé e no mesmo nível em relação ao afeto, e estar mais inclinados a fazer um bom serviço do que a pedir uma retribuição, e que deve haver essa nobre rivalidade entre eles. Assim, ambas as verdades serão estabelecidas. Devemos obter as vantagens materiais mais importantes da amizade; e sua origem, mais de um impulso natural do que de um sentimento de necessidade, será ao mesmo tempo mais digna e mais de acordo com os fatos. Pois, se fosse verdade que suas vantagens materiais cimentavam a amizade, seria igualmente verdade que qualquer mudança nelas a dissolveria. Mas sendo a natureza incapaz de mudar, segue-se que amizades genuínas são eternas.

Tanto descrito para a origem da amizade. Mas talvez você não queira ouvir mais nada.

FÂNIO

Não, por favor, continue; deixe-nos conhecer todo o resto, Lélio. Eu me comprometo a falar em nome do meu amigo aqui como seu superior.

CÉVOLA

Muito bem! Portanto, por favor, deixe-nos ouvi-lo.

10.

LÉLIO

Pois bem, meus bons amigos, escutem algumas conversas sobre amizades que aconteciam muito frequentemente entre mim e Cipião. Devo começar dizendo, porém, que ele costumava dizer que a coisa mais difícil do mundo era que uma amizade permanecesse intacta até o fim da vida. Muitas coisas podem intervir: interesses conflitantes, diferenças de opinião na política, mudanças frequentes de caráter, às vezes devido a infortúnios, às vezes à passagem dos anos. Ele costumava ilustrar esses fatos com a analogia da infância, uma vez que as mais calorosas afeições entre os meninos são frequentemente postas de lado junto com a toga infantil; e mesmo que conseguissem mantê-las até a adolescência, às vezes eram rompidas por uma rivalidade no namoro ou por alguma outra vantagem com a qual suas reivindicações mútuas não eram compatíveis. Mesmo que a amizade se prolongasse além desse tempo, frequentemente recebia um choque brutal, caso os dois fossem concorrentes para um mesmo cargo. Pois, embora o golpe mais fatal para a amizade, na maioria dos casos, fosse a luxúria pelo ouro, no caso dos melhores homens era a rivalidade por um cargo ou pela reputação, pelo que muitas vezes acontecia que a inimizade mais violenta surgiria entre os amigos próximos.

Novamente, grandes brechas e, na maioria das vezes, justificáveis, foram causadas por um pedido imoral feito a um amigo para satisfazer os desejos profanos de um homem, ou ajudá-lo a conseguir algo considerado errado. Uma recusa, embora perfeitamente correta, é atacada por aqueles a quem recusaram o cumprimento como uma violação das leis da amizade. Ora, as pessoas que não têm escrúpulos quanto aos pedidos que fazem aos amigos, permitem, assim, que estejam prontas para não ter escrúpulos quanto ao que farão por seus amigos; e é a recriminação de tais pessoas que comumente não apenas apaga as amizades, mas dá origem a inimizades duradouras. "Na verdade", costumava dizer, "essas fatalidades pesam sobre a amizade em tal número, que é preciso não apenas sabedoria, mas também uma boa dose de sorte para escapar de todas elas."

11.

Com essas premissas, então, vamos primeiro, por favor, examinar a questão, até onde deve ir o sentimento pessoal na amizade? Por exemplo: suponha que Coriolano tivesse amigos; eles deveriam ter se juntado a ele na invasão de seu país? Novamente, no caso de Vicelino ou Espúrio Mélio, seus amigos deveriam tê-los ajudado em sua tentativa de estabelecer uma tirania? Considere dois exemplos de qualquer linha de conduta. Quando Tibério Graco tentou suas medidas revolucionárias, ele foi abandonado, como vimos, por Quinto Tuberão e os amigos de sua própria posição. Por outro lado, um amigo de sua própria família, Cévola, Caio Blóssio de Cumas, seguiu um caminho diferente. Eu estava atuando como assessor dos cônsules Lenas e Rupílio para julgar os conspiradores, e Blóssio pediu meu perdão com o fundamento de que sua consideração por Tibério Graco era tão elevada, que ele considerava seus desejos uma lei. "Mesmo se ele tivesse desejado que você colocasse fogo no Capitólio?" disse eu. "Isso é uma coisa" respondeu ele "que ele nunca teria desejado." "Ah, mas se ele tivesse desejado?" disse eu. "Eu teria obedecido." A maldade de tal discurso dispensa comentários. E, na verdade, ele era tão bom e até melhor do que sua palavra, pois não esperou por nenhuma ordem nos procedimentos audaciosos de Tibério Graco, mas era a cabeça e a frente deles, um líder em vez de um cúmplice de sua loucura. O resultado de sua paixão foi que ele fugiu para a Ásia, aterrorizado pela comissão especial nomeada para julgá-lo, juntou-se aos inimigos de seu país e pagou à república uma penalidade tão pesada quanto ela merecia. Concluo, então, que o fundamento de ter agido no interesse de um amigo não é uma desculpa válida para uma ação errada. Pois, visto que a crença na virtude de um homem é a causa original da amizade, a amizade dificilmente poderia permanecer se ele abandonasse a virtude. Mas se decidirmos que é certo conceder aos nossos amigos tudo o que desejam e pedir-lhes tudo o que desejamos, a sabedoria perfeita deve ser presumida de ambos os lados, para que nenhum dano ocorra. Mas não podemos presumir essa sabedoria perfeita; pois estamos falando apenas dos amigos que normalmente encontramos, quer os tenhamos realmente visto ou tenhamos ouvido falar deles, homens, digamos, da vida cotidiana. Devo citar alguns exemplos de tais pessoas, tendo o cuidado de selecionar a abordagem mais próxima de nosso padrão de sabedoria. Lemos, por exemplo, que Emílio Papo era um amigo próximo de Caio Luscino. A história nos conta que foram duas vezes cônsules juntos e colegas na censura. Mais uma vez, está registrado que Mânio Cúrio e Tibério Coruncânio mantinham as relações mais íntimas com eles e entre si. Ora, não podemos nem mesmo suspeitar que algum desses homens tenha alguma vez pedido a seu amigo algo que militasse contra sua honra, seu juramento ou os interesses da república. No caso de homens como esses, não faz sentido dizer que um deles não teria obtido tal favor, se o tivesse pedido; pois eram homens da mais escrupulosa piedade, e fazer tal pedido envolveria uma quebra de obrigação religiosa não menor do que concedê-lo. No entanto, é bem verdade que Caio Carbo e Caio Catão seguiram Tibério Graco; e embora seu irmão Caio Graco não o tenha feito na época, ele agora é o mais ansioso de todos.

12.

Podemos então estabelecer esta regra para a amizade: nem pedir nem consentir em fazer o que é errado. Pois o apelo "em nome da amizade" é destituído de crédito e não deve ser admitido nem por um momento. Esta regra é válida para todos os atos errados, mas mais especialmente naqueles que envolvem deslealdade para com a república. Pois as coisas chegaram a tal ponto conosco, meus queridos Fânio e Cévola, que devemos olhar um pouco à frente para o que provavelmente acontecerá com a república.

A constituição, como é conhecida por nossos ancestrais, já se desviou um pouco do curso regular e das linhas traçadas para ela. Tibério Graco tentou obter o poder de um rei ou, melhor dizendo, desfrutou desse poder por alguns meses. O povo romano já tinha ouvido ou visto algo semelhante antes? O que os amigos e contatos que o seguiam, mesmo depois de sua morte, conseguiram fazer no caso de Públio Cipião, não posso descrever sem lágrimas. Quanto a Carbo, graças à punição recentemente infligida a Tibério Graco, nós, por bem ou por mal, conseguimos resistir aos seus ataques. Mas o que esperar do tribunato de Caio Graco, não gostaria de prever. Uma coisa leva a outra; e, uma vez iniciado, o curso descendente prossegue com velocidade sempre crescente. E há o caso do escrutínio: que golpe foi infligido primeiro pela Lei Gabínia[15] e, dois anos depois, pela Lei Cássia[16]! Parece que já vejo as pessoas alienadas do Senado e os assuntos mais importantes à mercê da multidão. Pois você pode ter certeza de que mais pessoas aprenderão como colocar essas coisas em movimento do que como pará-las. Qual é o objetivo dessas observações? Este: ninguém jamais faz qualquer tentativa desse tipo sem amigos para ajudá-lo. Devemos, portanto, convencer os bons homens de que, caso se envolvam inevitavelmente em amizades com homens desse tipo, não devem se considerar obrigados a apoiar amigos que sejam desleais à república. Homens maus devem ter o medo do castigo diante de seus olhos: um castigo não menos severo para aqueles que os seguem do que para aqueles que conduzem outros ao crime. Quem era mais famoso e poderoso na Grécia do que Temístocles? À frente do exército na guerra persa ele libertou a Grécia; devia seu exílio à inveja pessoal: mas não se submeteu às injustiças cometidas a ele por seu país ingrato, como poderia ter feito. Ele agiu como Coriolano o fez entre nós, vinte anos antes. Mas ninguém foi encontrado para ajudá-los em seus ataques à pátria. Ambos, portanto, cometeram suicídio.

---

[15] A Lei Gabínia concedeu ao General Pompeu, em 67 a.C., poderes proconsulares extraordinários, permitindo o combate a piratas cilícios que atuavam no Mar Mediterrâneo. (N.T.)
[16] A Lei Cássia do Senado exigia que qualquer senador fosse expulso do senado, caso fosse condenado por um crime, ou se tivesse seu poder revogado enquanto servia como magistrado. (N.T.)

Concluímos, então, não apenas que nenhuma confederação desse tipo, de homens inclinados ao mal, deve ser permitida a se abrigar sob a alegação de amizade, mas que, pelo contrário, deve ser visitada com a punição mais severa, para que não prevaleça a ideia de que a fidelidade para um amigo possa justificar até mesmo promover a guerra contra o seu país. E esse é um caso que estou inclinado a pensar, considerando como as coisas estão começando a acontecer, que mais cedo ou mais tarde surgirá. E eu me importo tanto com o estado da constituição depois de minha morte, quanto como ela está agora.

13.

Que isso, então, seja estabelecido como a primeira lei da amizade, que devemos pedir aos amigos, e fazer pelos amigos, apenas o que é bom. Mas também não esperemos que nos perguntem: que haja sempre uma prontidão disposta e uma ausência de hesitação. Tenhamos a coragem de aconselhar com franqueza. Na amizade, que a influência dos amigos que dão bons conselhos seja primordial; e que esta influência seja usada para reforçar os conselhos, não apenas em termos francos, mas às vezes, se o caso assim o exigir, com rigor; e quando assim forem usados, que sejam obedecidos.

Eu lhes dou essas regras porque acredito que algumas opiniões maravilhosas são nutridas por certas pessoas que têm, segundo me disseram, uma reputação de sabedoria na Grécia. Não há nada no mundo, aliás, fora do alcance de seus sofismas. Bem, alguns deles ensinam que devemos evitar amizades muito próximas, por medo de que um homem tenha que suportar as ansiedades de muitas delas. Cada homem, dizem eles, tem o suficiente e de sobra em suas próprias mãos; é muito ruim ser envolvido pelos cuidados de outras pessoas. O procedimento mais sábio é manter as rédeas da amizade o mais soltas possível; você pode então apertá-las ou afrouxá-las à vontade. Pois a primeira condição de uma vida feliz é a liberdade dos cuidados, dos quais nenhuma mente pode desfrutar se tiver que sofrer, por assim dizer, pelos outros além de por si mesma. Outra seita, segundo me disseram, dá vazão a opiniões ainda menos generosas. Eu mencionei brevemente este assunto ainda há pouco. Afirmam que as amizades devem ser buscadas unicamente por causa da assistência que prestam, e não por motivos de sentimento e afeto; e que, portanto, na mesma proporção em que o poder e os meios de sustento de um homem são mais precários, ele está mais predisposto a fazer amizades: daí decorre que as mulheres fracas buscam o apoio da amizade mais do que os homens, os pobres mais do que os ricos, os desafortunados antes dos que são estimados como prósperos. Que filosofia nobre! Você pode muito bem tirar o sol do céu, assim como a amizade da vida; pois os deuses imortais não nos deram nada melhor ou mais delicioso.

Mas vamos examinar as duas doutrinas. Qual é o valor dessa "liberdade dos cuidados dos outros"? É muito tentador à primeira vista, mas na prática deve, em muitos casos, ser posto de lado. Pois não há nenhum assunto e nenhuma ação exigidos de nós por nossa honra que se possa recusar consistentemente, ou deixar de lado depois de iniciado, por um mero desejo de escapar da ansiedade com os outros. Não, se desejamos evitar a ansiedade, devemos evitar a própria virtude, o que necessariamente envolve alguns pensamentos ansiosos em mostrar sua aversão e repulsa pelas qualidades que são opostas a si mesmas, como a bondade pela maldade, o autocontrole pela licenciosidade, a coragem pela covardia. Assim, você pode notar que são os justos que mais sofrem com a injustiça, os bravos com as ações covardes, os temperantes com a depravação. É, então, característico de uma mente bem ordenada ficar satisfeita com o que é bom, e se entristecer com o contrário. Vendo então que os sábios não estão isentos da dor no coração (o que deve ser o caso, a menos que suponhamos que toda a natureza humana seja arrancada de seus corações), por que deveríamos banir a amizade de nossas vidas, por medo de sermos envolvidos por ela em alguma quantidade de angústia? Se você retirar a emoção, que diferença resta, não digo entre um homem e uma besta, mas entre um homem e uma pedra ou um tronco de madeira, ou qualquer outra coisa desse tipo?

Tampouco devemos dar peso à doutrina de que a virtude é algo rígido e inflexível como o ferro. Na verdade, é no que diz respeito à amizade, como em tantas outras coisas, tão flexível e sensível que se expande, por assim dizer, pela boa sorte de um amigo, e se contrai por seus infortúnios. Concluímos então que a dor mental que muitas vezes devemos enfrentar por causa de um amigo não é de consequência suficiente para banir a amizade de nossa vida mais do que é verdade que as virtudes cardeais devem ser dispensadas porque envolvem certas ansiedades e angústias.

14.

Deixe-me repetir, então, "a indicação clara da virtude, pela qual uma mente de caráter semelhante é naturalmente atraída, é o começo da amizade". Quando for esse o caso, o aumento do afeto é uma necessidade. Pois o que pode ser mais irracional do que se deliciar com muitos objetos incapazes de resposta, como um cargo, a fama, edifícios esplêndidos e adornos pessoais, e ainda assim tomar pouco ou nada em um ser senciente dotado de virtude, que tem a faculdade de amar ou, se posso usar a expressão, retribuir o amor? Pois nada é realmente mais agradável do que uma retribuição de afeto e a troca mútua de sentimentos amáveis e boas ações. E se acrescentarmos, como podemos justamente fazer, que nada atrai uma coisa tão poderosamente para si, como a semelhança o faz com a amizade, será imediatamente admitido como verdade que os bons amam os bons e se ligam entre si, como se estivessem unidos por laços de sangue e pela natureza. Pois nada pode ser mais desejoso, ou melhor, ganancioso, pelo que é semelhante a si mesmo do que a natureza. Portanto, meus queridos Fânio e Cévola, podemos considerar isso um fato estabelecido, que entre os homens bons existe, por assim dizer, um sentimento de bondade, que é a fonte da amizade, conforme o ordenamento dado pela natureza. Mas essa mesma bondade afeta a muitos também. Pois essa não é uma virtude antipática, egoísta ou exclusiva, que protege até nações inteiras e delibera sobre seus melhores interesses. E isso certamente não teria acontecido se tivesse desdenhado todo o afeto pelo rebanho comum.

Mais uma vez, os que acreditam na teoria do "interesse" parecem destruir o elo mais atraente da cadeia da amizade. Pois não é tanto o que se obtém com um amigo que nos dá prazer, mas o calor de seu sentimento; e só nos importamos com os serviços prestados por um amigo se forem motivados pelo afeto. E tão longe de ser verdade que a falta de recursos é um motivo para buscar a amizade, pois geralmente os mais ricamente dotados de prosperidade e meios, e acima de tudo, de virtude (que, afinal, é o melhor suporte para um homem), são os que menos necessitam dos outros, que têm o coração mais aberto e generoso. Na verdade, estou inclinado a achar que os amigos às vezes devem sentir falta de alguma coisa. Por exemplo, que extensão minhas afeições teriam se Cipião nunca tivesse desejado meus conselhos ou cooperação, seja aqui ou no exterior? Não é a amizade, então, que segue a vantagem material, mas a vantagem material que vem após a amizade.

15.

Não devemos, portanto, ouvir esses cavalheiros super refinados quando falam da amizade, porque eles não a conhecem nem na teoria nem na prática. Pois quem, em nome dos céus, escolheria a vida de maior riqueza e abundância sob a condição de não amar nem ser amado por nenhuma criatura? Esse é o tipo de vida que os tiranos suportam. Eles, é claro, não podem contar com a fidelidade, o afeto, a segurança ou com a boa vontade de qualquer pessoa. Para eles, tudo é suspeita e ansiedade; para eles não há qualquer possibilidade de amizade. Quem pode amar alguém a quem teme, ou por quem ele sabe que é temido? No entanto, esses homens têm uma demonstração de amizade oferecida a eles, mas é apenas um espetáculo, que acontece somente em tempos de bonança. Se acontecer de eles caírem, como geralmente acontece, entenderão imediatamente como estão sem amigos. Portanto, dizem que Tarquino observou em seu exílio que nunca soube quais de seus amigos eram reais e quais eram falsos, até que deixou de ser capaz de retribuir a qualquer um deles. Embora o que me surpreenda é que um homem, com seu caráter orgulhoso e autoritário, possa ter qualquer amigo. E como era o seu caráter que o impedia de ter amigos genuínos, isso frequentemente acontece no caso de homens de recursos extraordinariamente grandes, sua própria riqueza os proíbe de cultivar amizades fiéis. Pois não apenas a própria fortuna é cega; mas ela geralmente torna cegos também os que gostam de seus favores. Eles são levados, por assim dizer, além de si mesmos, com presunção e obstinação; nem nada pode ser mais perfeitamente intolerável do que um tolo bem-sucedido. Você pode ver isso com frequência. Homens que antes tinham modos agradáveis passam por uma mudança completa ao receber o poder de um cargo. Eles desprezam seus velhos amigos: dedicam-se a novos.

Agora, pode algo ser mais tolo do que aqueles homens, que têm todas as oportunidades que a prosperidade, a riqueza e os grandes recursos podem conceder, desejarem possuir tudo o mais que o dinheiro pode comprar, como cavalos, criados, mobiliário esplêndido e pratos caros, mas não conquistarem amigos, que são, se me permitem a expressão, os ativos mais valiosos e belos da vida? E ainda, quando eles adquirem os primeiros, não sabem quem vai desfrutar deles, nem por quem devem eles estar lidando com todo este problema; pois tudo isso pertencerá eventualmente ao mais forte: enquanto cada homem tem uma propriedade estável e inalienável em suas amizades. E mesmo que essas posses, que são, de certa forma, dádivas do destino, se mostrem permanentes, a vida jamais poderá ser nada além de triste, sem o consolo e a companhia dos amigos.

16.

Para voltar a outro ramo do nosso assunto. Devemos agora nos esforçar para determinar quais limites devem ser observados na amizade; qual é o limite, por assim dizer, além do qual nossa afeição não deve ir. Nesse ponto, noto três opiniões, mas com nenhuma das quais concordo. Uma é que devemos amar nosso amigo tanto quanto amamos a nós mesmos, e nada mais; outra, que nossa afeição por eles deve corresponder exatamente e igual à deles para conosco; uma terceira, que um homem deve ser valorizado exatamente da mesma forma que ele se valoriza. Com nenhuma dessas opiniões eu concordo. A primeira, que sustenta que nossa consideração por nós mesmos deve ser a medida de nossa consideração por nossos amigos, não é verdadeira, pois quantas coisas há que nunca teríamos feito por nós mesmos, mas que são feitas por causa de um amigo! Nós nos submetemos a fazer pedidos a pessoas indignas, a chegarmos até mesmo à súplica, mais nítidos nas invectivas, mais violentos no ataque. Tais ações não são dignas de crédito se tomadas em nossos próprios interesses, mas altamente valorizadas se em favor dos nossos amigos. Existem também muitas vantagens às quais os homens de caráter reto voluntariamente renunciam, ou das quais se contentam em ser privados, para que seus amigos possam desfrutá-las em vez de eles próprios.

A segunda doutrina é aquela que limita a amizade a uma igualdade exata de bons ofícios e bons sentimentos mútuos. Mas tal visão reduz a amizade a uma questão de números, em um espírito muito estreito e não liberal, como se o objetivo fosse ter um saldo exato em uma conta de débito e crédito. A verdadeira amizade se revela algo mais rico e generoso do que parece; e não estar permanentemente em vigilância para evitar dar mais do que recebe. Nesse caso, não devemos ter sempre medo de algo ser desperdiçado ou gasto em nossas medidas, ou de mais do que o justamente devido ser devotado à nossa amizade.

Mas o último limite proposto é o pior, a saber: que a avaliação de um amigo sobre si mesmo deve ser a medida de nossa avaliação dele. Muitas vezes acontece que um homem tem uma ideia muito humilde de si mesmo, ou assume uma visão muito desesperadora de sua chance de melhorar seu destino. Em tal caso, um amigo não deve ceder à visão que ele tem de si mesmo. Em vez disso, deve fazer tudo o que puder para elevar seu ânimo abatido e conduzi-lo a esperanças e pensamentos mais alegres.

Devemos então encontrar algum outro limite. Mas devo primeiro mencionar o sentimento que costumava suscitar as críticas mais severas de Cipião. Ele costumava dizer que ninguém jamais expressou nada mais diametralmente oposto ao espírito de amizade do que o autor da frase: "Você deve amar seu amigo com a consciência de que um dia poderá odiá-lo". Ele não podia ser convencido de que essa frase fosse corretamente atribuída a Bias, que era considerado um dos Sete Sábios. Era o sentimento de alguém com motivos sinistros ou ambição egoísta, ou que considerava tudo conforme afetava sua própria supremacia. Como um homem pode ser amigo de outro, se ele pensa ser possível que ele seja seu inimigo? Por que a isso se seguiria que ele deve desejar e querer que seu amigo cometa tantos erros quanto possível, para que possa ter ainda mais argumentos contra ele; e, inversamente, que ele deve estar aborrecido, irritado e com ciúme das ações corretas ou da boa sorte de seus amigos. Essa máxima, então, seja de quem for, é a destruição total da amizade. A verdadeira regra é ter tanto cuidado na escolha de nossos amigos como nunca fazer amizade com um homem a quem poderíamos, em qualquer circunstância, vir a odiar. E mesmo se não tivermos sorte em nossa escolha, devemos tolerá-la, de acordo com Cipião, ao invés de fazer cálculos quanto a um futuro rompimento.

17.

O verdadeiro limite a ser observado na amizade é este: o caráter de dois amigos deve ser imaculado. Deve haver completa harmonia de interesses, propósito e objetivos, sem exceção. Então, se surgir o caso do desejo de um amigo (não estritamente correto em si mesmo) pedindo apoio em uma questão que envolve sua vida ou reputação, devemos fazer alguma concessão de desviar do caminho da retidão, com a condição, digamos, de que a desgraça extrema não seja a consequência desse feito. Algumas coisas devem ser concedidas à amizade. E, no entanto, não devemos ser totalmente descuidados com nossa reputação, nem considerar a boa opinião de nossos concidadãos como uma arma que podemos desprezar ao conduzir os assuntos de nossa vida, por mais degradante que seja elogiá-la com lisonja e palavras suaves. Não devemos de forma alguma abjurar a virtude, que nos garante a afeição.

Mas voltando novamente a Cipião, o supremo autor do discurso sobre a amizade. Ele costumava reclamar que não havia nada em que os homens se esforçassem tão pouco: que cada um poderia dizer exatamente quantas cabras ou ovelhas possuía, mas não quantos amigos; e embora se esforçassem para conseguir o primeiro, eram totalmente descuidados ao selecionar amigos e não possuíam marcas particulares, por assim dizer, ou símbolos pelos quais pudessem julgar sua adequação para amizade. Agora, as qualidades que devemos buscar ao fazer nossa seleção são firmeza, estabilidade, constância. Há uma grande falta de homens assim dotados, e é difícil formar um julgamento sem a realização de testes. Agora, esses testes só podem ser feitos durante a existência real da amizade; pois a amizade frequentemente precede a formação de um julgamento e torna impossível um teste prévio. Se formos prudentes, então, controlaremos nosso impulso de afeição como fazemos com os cavalos de uma charrete. Fazemos um teste preliminar dos cavalos. Assim devemos proceder com a amizade; devemos testar o caráter de nossos amigos por uma espécie de amizade provisória. Muitas vezes pode acontecer que a falta de confiança de certos homens seja totalmente revelada em um pequeno teste com uma soma em dinheiro; outros, que estão à prova dessa pequena soma, são apanhados se ela for grande. Mas mesmo que se encontrem alguns que pensem que seja maldade preferir o dinheiro à amizade, onde procuraremos aqueles que colocam a amizade antes dos cargos, das promoções civis ou militares e do poder político, e quem, quando a escolha recai sobre essas coisas, por um lado, e as reivindicações de amizade do outro, não dão uma preferência forte às primeiras? Não é da natureza humana ser indiferente ao poder político; e se o preço que os homens têm de pagar por isso é o sacrifício da amizade, eles pensam que sua traição será lançada na sombra pela magnitude da recompensa. É por isso que a verdadeira amizade é muito difícil de encontrar entre aqueles que se engajam na política e na disputa por cargos. Onde você pode encontrar o homem que prefere a promoção de seu amigo à sua própria? E para não falar mais nada sobre isso, pense como é doloroso e quase intolerável para a maioria dos homens compartilhar o desastre político. Você dificilmente encontrará alguém que consiga fazer isso. E embora o que Ênio diz seja a verdade, "a hora da necessidade mostra o amigo de verdade", ainda é dessas duas maneiras que a maioria das pessoas trai sua falta de confiança e inconstância, desprezando os amigos quando eles são prósperos, ou abandonando-os em sua angústia. Um homem, então, que demonstrou uma amizade firme, inabalável e invariável em ambas as circunstâncias, devemos considerar como alguém de uma classe das mais raras do mundo, e quase sobre-humana.

18.

Agora, qual é a qualidade a procurar como garantia para a estabilidade e permanência de uma amizade? É a lealdade. Nada que não a possua pode ter estabilidade. Devemos também, ao fazer nossa seleção, buscar a simplicidade, uma disposição social e uma natureza solidária, movida pelo que nos move. Tudo isso contribui para manter a lealdade. Você nunca pode confiar em um caráter que seja intrincado e tortuoso. Nem, de fato, é possível para alguém ser confiável e firme, que não tenha naturalmente a compaixão e não se comova com o que nos afeta. Podemos acrescentar que ele não terá prazer em fazer acusações contra nós, nem acreditar nelas quando são feitas por outros. Tudo isso contribui para formar aquela constância que venho tentando descrever. E o resultado é, o que comecei por dizer, que a amizade só é possível entre homens bons.

Ora, há dois traços característicos no tratamento que dispensa aos amigos que um homem bom (que pode ser considerado equivalente a um sábio) sempre exibirá. Em primeiro lugar, ele será totalmente isento de qualquer faz-de-conta ou fingimento de sentimentos; pois a franca exibição, mesmo das discordâncias, convém mais a um caráter ingênuo do que uma atitude estudada para ocultação dos sentimentos. Em segundo lugar, ele não apenas rejeitará todas as acusações feitas contra seu amigo por terceiros, mas tampouco ele mesmo suspeitará do amigo, nem jamais irá considerar que seu amigo agiu de maneira imprópria. Além disso, deve haver uma certa amabilidade nas palavras e nos modos que adiciona um sabor especial à amizade. Um temperamento sombrio e de gravidade invariável podem ser muito impressionantes; mas a amizade deve ser um pouco menos inflexível, mais indulgente e graciosa, e mais inclinada a todos os tipos de boa camaradagem e boa natureza.

19.

Mas aqui surge uma questão de pequena dificuldade. Haveria alguma ocasião em que, assumindo seu valor, deveríamos preferir novos amigos aos mais antigos, assim como preferimos os cavalos jovens aos velhos? A resposta não admite nenhuma dúvida. Pois não deve haver saciedade na amizade, como há em outras coisas. Quanto mais velho, mais doce, como nos vinhos que se conservam bem. E o provérbio é verdadeiro: "Você deve comer muito sal junto de alguém até poder considerá-lo um amigo". A novidade, de fato, tem sua vantagem, que não devemos desprezar. Sempre há esperança nos frutos, como há nas folhas de milho saudáveis. Mas a idade também deve ter sua posição respeitada; e, de fato, a influência do tempo e do hábito é muito grande. Para voltar à ilustração do cavalo que acabei de usar. Todo mundo gosta, se não houver nada mais interferindo na decisão, de usar um cavalo a que se está acostumado, em vez de um cavalo inexperiente e novo. E não é apenas no caso de uma coisa viva que esta regra vale, mas também nas coisas inanimadas; pois gostamos de lugares onde vivemos por mais tempo, mesmo que sejam montanhosos e cobertos de florestas. Mas aqui está outra regra de ouro na amizade: coloque-se no mesmo nível do seu amigo. Pois muitas vezes acontece de haver certas superioridades, como por exemplo a de Cipião no que posso chamar de nosso conjunto. Agora, ele nunca assumiu qualquer ar de superioridade sobre Filo, ou Rupílio, ou Múmio, ou sobre amigos de uma posição inferior ainda. Por exemplo, ele sempre demonstrou uma deferência para com seu irmão Quinto Máximo porque ele era o mais velho, que, embora, sem dúvida, era um homem de caráter eminente, não era de forma alguma seu igual. Ele também costumava desejar que todos os seus amigos fossem melhores por seu apoio. Este é um exemplo que todos deveríamos seguir. Se algum de nós tiver alguma vantagem em caráter pessoal, intelecto ou fortuna, devemos estar prontos para fazer de nossos amigos sócios e parceiros nisso. Por exemplo, se seus pais estão em uma condição muito humilde, se suas relações não são fortes nem em intelecto nem em recursos, devemos suprir suas deficiências e restaurar seu status social e dignidade. Você conhece as lendas de crianças criadas como servas sem saber quem eram seus pais e suas família. Quando são reconhecidos e descobertos como filhos de deuses ou reis, eles ainda mantêm sua afeição pelos pastores que por muitos anos consideraram seus pais. E deveria ser muito mais assim, no caso de pais verdadeiros e incontestáveis. Pois as vantagens do gênio e da virtude e, em suma, de todo tipo de superioridade, nunca são realizadas em sua extensão máxima até que sejam concedidas aos nossos entes mais próximos e queridos.

20.

Mas o inverso também deve ser observado. Pois na amizade e no relacionamento, assim como aqueles que possuem qualquer superioridade, que devem se colocar em pé de igualdade com aqueles que são menos afortunados, também estes últimos não devem ficar incomodados por serem superados em gênio, fortuna ou posição. Mas a maioria das pessoas nessas condições está sempre resmungando de algo ou insistindo em suas reclamações; e especialmente se considerarem que têm seus próprios assuntos para reivindicar, envolvendo o zelo e a amizade, ou algumas dificuldades para si próprios. Pessoas que estão sempre trazendo seus próprios problemas são um incômodo. Quem os ouve deve se lembrar deles; quem age desse modo não deveria mencioná-los com tal insistência. No caso de amigos, então, como os mais afortunados podem estar um dia destinados a decair, eles também se sentem obrigados, em certo sentido, a erguer os que estão abaixo deles. Pois há pessoas que tornam sua amizade desagradável por se imaginarem subvalorizadas. Isso acontece geralmente apenas para os que pensam que merecem estar assim; e a falta de fundamento de sua opinião deve ser esclarecida por atos, bem como por palavras. Agora, a medida de seus benefícios deve ser, em primeiro lugar, seu próprio poder de conceder e em segundo lugar, a capacidade de suportá-los na parte daquele a quem você está concedendo afeto e ajuda. Pois, por maior que seja o seu prestígio pessoal, você não pode elevar todos os seus amigos aos cargos mais altos do Estado. Por exemplo, Cipião foi capaz de tornar Públio Rupílio cônsul, mas não seu irmão Lúcio. Mas, admitindo que você pode dar a qualquer pessoa qualquer coisa que você escolher, deve ter cuidado para que isso não esteja além da capacidade de assumir o que lhe foi concedido. Como regra geral, devemos esperar para decidir sobre amizades até que o caráter e a idade dos homens tenham alcançado sua plena força e desenvolvimento. As pessoas não devem, por exemplo, considerar como bons amigos todos de quem, em seu entusiasmo pela caça ou pelo futebol, gostavam por cultivarem os mesmos gostos na juventude. Por essa regra, se fosse uma mera questão de tempo, ninguém teria tais direitos sobre os nossos afetos do que as babás e os tutores escravos que cuidaram de nós na infância. Não que eles devam ser negligenciados, mas estão em um patamar diferente. Somente essas amizades mais maduras podem ser permanentes. Pois a diferença de caráter leva à distinção de objetivos, e o resultado de tal diversidade é o afastamento dos amigos. A única razão, por exemplo, que impede os homens bons de fazerem amizade com os maus, ou os maus com os bons, é que a divergência de caráter e de objetivos é a maior possível.

Outra boa regra na amizade é esta: não deixe que o afeto excessivo atrapalhe os interesses mais elevados de seus amigos. Isso acontece com muita frequência. Eu irei novamente para a região das fábulas para trazer um exemplo. Neoptolemo jamais poderia ter ocupado Tróia se estivesse disposto a ouvir Licomedes, que o havia criado, e com muitas lágrimas tentou impedir sua ida até lá. Mais uma vez, acontece que negócios importantes tornam necessário separar-se dos amigos: o homem que tenta resistir a isso, porque pensa que não pode suportar a separação, é de natureza fraca e feminina, e por isso mesmo é apenas um amigo muito fraco. É claro que há limites para o que você deve esperar de um amigo e para o que você deve permitir que ele exija de você. E isso você deve levar em consideração em todos os casos.

21.

Novamente, existe um desastre, por assim dizer, ao ter que romper uma amizade. E às vezes isso é algo que não podemos evitar. Pois, neste ponto, a corrente de nosso discurso está deixando as intimidades dos sábios e tocando na amizade das pessoas comuns. Pode acontecer às vezes que um surto de conduta perversa afete os amigos ou até mesmo estranhos, mas o pior descrédito recai pesadamente sobre os amigos. Em tais casos, deve-se permitir que as amizades morram gradualmente por um intervalo nas relações. Elas deveriam, como disseram que Catão costumava dizer, ser antes descosturadas do que rasgadas em duas partes; a menos que, de fato, a conduta injuriosa seja de natureza tão violenta e ultrajante, que torne um rompimento e a separação instantânea o único caminho possível, consistente com a honra e a retidão. Novamente, se ocorrer uma mudança de caráter e de objetivo, como costuma acontecer, ou se a política partidária produzir uma alienação de sentimentos (estou falando agora, como disse há pouco, de amizades comuns, não a dos sábios), temos que estar atentos para não embarcar em uma inimizade ativa, enquanto pretendíamos apenas renunciar a uma amizade. Pois não pode haver nada mais desonroso do que estar em guerra aberta com um homem com quem você já teve uma relação de intimidade. Cipião, como você sabe, abandonou sua amizade por Quinto Pompeu por minha causa; e novamente, devido a diferenças de opinião na política, se afastou de meu colega Metelo. Em ambos os casos, ele agiu com dignidade e moderação, mostrando que estava realmente ofendido, mas sem rancor.

Nosso primeiro objetivo, então, deve ser prevenir uma ruptura; o segundo, garantir que, se vier a ocorrer, que nossa amizade possa parecer ter morrido de forma natural, em vez de uma ruptura de maneira violenta. Em seguida, devemos cuidar para que a amizade não se converta em hostilidade ativa, da qual surgem as brigas pessoais, linguagem abusiva e recriminações raivosas. Essas últimas, no entanto, desde que não ultrapassem todos os limites razoáveis de tolerância, devemos tolerar e, em cumprimento a uma antiga amizade, permitir que a parte que inflige a injúria, e não aquela que a ela se submete, esteja errada. Falando de maneira geral, só existe uma maneira de se proteger e se prevenir contra falhas e inconveniências desse tipo: não nos precipitarmos em conceder nossa afeição e não concedê-la a pessoas indignas.

Agora, por "dignos de amizade", quero dizer aqueles que têm em si as qualidades que atraem o afeto. Esse tipo de homem é raro; e de fato todas as coisas excelentes são raras; e nada no mundo é tão difícil de encontrar como algo inteiramente e completamente perfeito em sua espécie. Mas a maioria das pessoas não apenas não reconhece nada como bom em nossa vida, a menos que seja lucrativo, mas vê os amigos como um estoque, preocupando-se mais com aqueles com quem esperam obter o maior lucro. Consequentemente, eles nunca possuem aquela amizade mais bela e mais espontânea que deve ser buscada apenas por si mesma, sem nenhum interesse ou objetivo posterior. Eles também não conseguem aprender com seus próprios sentimentos a natureza e a força da amizade. Pois cada um ama a si mesmo, não por qualquer recompensa que tal amor possa trazer, mas porque ele é caro a si mesmo, independentemente de qualquer outra coisa.

Mas, a menos que esse sentimento seja transferido para outra pessoa, nunca será revelado o que é um verdadeiro amigo; pois ele é, por assim dizer, um segundo eu. Mas se encontrarmos esses dois instintos se manifestando nos animais, sejam do ar, do mar ou da terra, sejam selvagens ou domesticados, primeiro, um amor para si mesmo, que de fato nasce em tudo o que vive do mesmo modo; e, em segundo lugar, uma ânsia de encontrar e ligar-se a outras criaturas de sua própria espécie; e se esta tendência natural é acompanhada pelo desejo e por algo semelhante ao amor humano, quanto mais deve ser este o caso no homem pela lei de sua própria natureza? Pois o homem não apenas ama a si mesmo, mas busca outro cujo espírito ele possa misturar com o seu, quase a fazer um ser de dois.

22.

Mas a maioria das pessoas, sem razão, para não falar de modéstia, deseja um amigo que ela mesma não consegue ser, e espera de seus amigos o que elas próprias não conseguem dar. O caminho mais justo é primeiro ser bom e, em seguida, procurar outro de caráter semelhante. É entre tais que a estabilidade na amizade, da qual falamos, pode ser assegurada; digo, quando os homens unidos pelo afeto aprendem, em primeiro lugar, a governar as paixões que escravizam os outros e, em seguida, a deliciar-se com uma conduta justa e equitativa, a carregar os fardos uns dos outros, a nunca pedir um ao outro por qualquer coisa incompatível com a virtude e retidão, e não apenas para servir e amar, mas para respeitar um ao outro. Eu digo "respeito"; pois, se o respeito acabar, a amizade perderá sua joia mais brilhante. E isso mostra o equívoco de quem imagina que a amizade possa privilegiar a licenciosidade e o pecado. A natureza nos deu a amizade como serva da virtude, não como parceira na culpa: até o fim, essa virtude, que é impotente para alcançar os objetos mais elevados quando isolada, terá sucesso em fazê-lo, quando estiver em união e em parceria com outra pessoa. Aqueles que desfrutam no presente, ou desfrutaram no passado, ou estão destinados a desfrutar no futuro, de uma parceria como esta, devem ser considerados como tendo assegurado a combinação mais auspiciosa para alcançar o bem supremo da natureza. Essa é a parceria, costumo dizer, que combina retidão moral, fama, paz de espírito, serenidade: tudo o que os homens acham desejável, e que tornam a vida mais feliz, mas, sem os quais, não poderia ser assim. Sendo este nosso melhor e mais elevado objetivo, devemos, se desejamos alcançá-lo, nos dedicar à virtude; pois sem a virtude não podemos obter a amizade nem qualquer outra coisa desejável. De fato, se a virtude for negligenciada, aqueles que se imaginam possuidores de amigos descobrirão seu erro assim que um grave desastre os obrigue a julgar as atitudes desses amigos. Portanto, devo repetir continuamente, você deve satisfazer seu julgamento antes de envolver suas afeições: não ame primeiro e julgue depois. Sofremos de descuido em muitos de nossos empreendimentos: porém em nenhum deles somos mais descuidados do que quando escolhemos e cultivamos os nossos amigos. Colocamos a carroça na frente dos bois e fechamos a porta do estábulo depois que o corcel é roubado, desafiando o velho provérbio. Pois, tendo nos envolvido mutuamente em uma intimidade de longa data ou por obrigações reais, de repente surge alguma causa de ofensa e rompemos nossas amizades em plena carreira.

23.

É isso que transforma esse descuido em um assunto de suprema importância ainda mais digno de culpa. Digo " suprema importância" porque amizade é a única coisa com a qual todos concordam em unanimidade sobre a sua utilidade. Esse não é o caso, mesmo com respeito à própria virtude; pois muitas pessoas falam levianamente da virtude como se fosse uma cortina de fumaça e autoglorificação. Nem é o caso das riquezas. Muitos menosprezam as riquezas, contentando-se com pouco e tendo prazer em comidas e roupas humildes; e quanto aos cargos políticos pelos quais alguns têm um desejo ardente, quantos nutrem tal desprezo por eles de modo a considerá-los a ocupação mais vazia e trivial!

    E assim por diante com o resto; coisas desejáveis aos olhos de alguns são consideradas por muitos como sem valor. Mas sobre a amizade, todos os homens pensam da mesma forma, quer sejam aqueles que se dedicam à política, ou aqueles que se deleitam nas ciências e filosofia, ou aqueles que seguem um estilo de vida em privacidade, e não se importam com nada além de seus próprios negócios, ou, por fim, aqueles que se entregam de corpo e alma à sensualidade, todos pensam, eu lhes digo, que sem amizade a vida não é vida, se querem que ao menos uma parte dela, de qualquer modo, seja considerada como nobre. Pois a amizade, de uma forma ou de outra, penetra na vida de todos nós e não há nenhuma carreira que esteja inteiramente livre de sua influência. Embora um homem seja de natureza tão rude e antissocial a ponto de odiar e evitar a companhia de outros seres humanos, como nos foi dito ser o caso de um certo Timão de Atenas, ainda assim ele não pode deixar de procurar alguém em cujos ouvidos ele possa desaguar o veneno de seu temperamento amargo. Veríamos isso com mais clareza, se fosse possível que algum deus nos levasse para longe destes assombros humanos, e nos colocasse em algum lugar em perfeita solidão, e então nos fornecesse tudo o que fosse necessário à nossa natureza em abundância, e ainda assim nos tirasse inteiramente a oportunidade de olhar para um outro ser humano. Quem poderia se considerar preparado para suportar tal vida? Quem não perderia, em sua solidão, o gosto por todos os prazeres? E, de fato, este é o ponto de observação de Arquitas de Tarento, creio eu. Eu ouvi dizer de várias fontes diferentes; homens que eram mais velhos do que eu me disseram, e os mais velhos do que eles próprios, lhes haviam dito também. Era o seguinte: "Se um homem pudesse ascender ao céu e obter uma visão clara da ordem natural do universo, e da beleza dos corpos celestes, aquele espetáculo maravilhoso lhe daria um pequeno prazer, embora nada pudesse ser concebido como mais encantador se ele tivesse apenas alguém a quem contar o que tinha visto." Isso é tão verdadeiro que a natureza abomina o isolamento e sempre se apoia em algo como um suporte e apoio; e isso é encontrado da forma mais agradável em nosso amigo mais próximo.

24.

Mas embora a Natureza também declare por tantas indicações qual é o seu desejo, objetivo e vontade, ainda assim, de certa forma, fazemos ouvidos moucos e não obedecemos aos seus avisos. O relacionamento entre amigos é variado e complexo, e muitas vezes deve acontecer que surjam causas para a suspeita e a ofensa, que um homem sábio às vezes conseguirá evitar, outras vezes remover, outras vezes tratar com tolerância. A única causa possível de ofensa que deve ser encarada é quando os interesses de seu amigo e sua própria sinceridade estiverem em jogo. Por exemplo, muitas vezes acontece que os amigos precisam receber algum tipo de protesto ou até de repreensão. Quando esses são administrados com um espírito bondoso, devem em boa parte ser aceitos. Mas, de uma forma ou de outra, há verdade no que meu amigo Terence diz em seu Andria:

"A conformidade nos traz a amizade; falar francamente, o ódio."

Falar francamente é causa de problemas, se o resultado disso for o ressentimento, que é o veneno da amizade; mas a complacência é realmente a causa de muito mais problemas, porque, ao conceder perdão às suas faltas, faz com que um amigo mergulhe de cabeça na ruína. Mas o homem mais culpado é aquele que se ressente quando lhe falam francamente, mas permite que a bajulação o leve à ruína. Nesse ponto, então, do primeiro ao último, há necessidade de diálogo e cuidado. Se protestarmos, deve ser sem amargura; se reprovarmos, não deve haver palavras de insulto. Em matéria de complacência (pois fico feliz em adotar a palavra de Terence), embora deva haver toda cortesia, ainda assim, aquele tipo vil que auxilia um homem no vício deve estar longe de nós, pois é indigno de um homem nascido livre, para não dizer de um amigo. Uma coisa é viver com um tirano, outra, com um amigo. Mas se os ouvidos de um homem estão tão fechados à franqueza a ponto de ele não suportar ouvir a verdade de um amigo, podemos desistir dele em desespero. Essa observação de Catão, como tantos outros dos seus observaram, mostra grande perspicácia: "Há pessoas que devem mais a inimigos ferrenhos do que a amigos aparentemente agradáveis: os primeiros costumam falar a verdade, os últimos nunca." Além disso, é um estranho paradoxo que os destinatários de um conselho não sintam aborrecimento quando deveriam senti-lo e, ainda assim, sintam tanto, quando não deveriam. Eles não estão nem um pouco aborrecidos por terem cometido um erro, mas muito zangados por serem repreendidos por isso. Ao contrário, eles deveriam estar entristecidos com o crime e contentes com a correção.

25.

Bem, então, se é verdade que dar e receber conselhos, o primeiro com liberdade, mas sem amargura, o segundo com paciência, e sem irritação, é peculiarmente apropriado à amizade genuína, não é menos verdade que não pode haver nada mais subversivo contra a amizade do que a bajulação, a adulação e a vil complacência. Eu uso tantos termos quanto possível para rotular este vício de homens levianos e indignos de confiança, cujo único objetivo ao falar é agradar sem qualquer consideração pela verdade. Em tudo, os falsos pressupostos são ruins, pois suspendem e corrompem o nosso poder de discernir a verdade. Mas para nada eles são tão hostis quanto para a amizade; pois destroem aquela franqueza, sem a qual a amizade é apenas um nome vazio. Visto que a essência da amizade é que duas mentes se tornem uma, como isso pode acontecer se a mente de cada uma das partes separadas não é única e uniforme, mas variável, mutável e complexa? Pode alguma coisa ser tão flexível, tão vacilante, como a mente de um homem cuja atitude depende não apenas dos sentimentos e desejos de outra pessoa, mas de seus olhares e sinais de concordância?

Se alguém disser "não", eu respondo "não";
Se "sim", eu respondo "sim".
Em suma, eu coloquei essa tarefa sobre mim mesmo
Para ecoar tudo o que foi dito,

para citar meu velho amigo Terence novamente. Mas ele coloca essas palavras na boca de um tal Gnato[17]. Admitir tal homem em sua intimidade é sinal de tolice. Mas existem muitas pessoas como Gnato, e é quando são superiores em posição, fortuna ou reputação que suas lisonjas se tornam maléficas, o peso de sua posição compensando a volatilidade do seu caráter. Mas, se tomarmos apenas os cuidados devidos, será tão fácil separar e distinguir um amigo genuíno de um amigo especioso, como qualquer outra coisa que seja fingida e artificial daquilo que é sincero e genuíno. Uma reunião pública, embora composta por homens da menor cultura possível, verá claramente a diferença entre um mero demagogo (isto é, um cidadão bajulador e indigno de confiança) e um homem de princípios, posição e solidez. Foi por meio desse tipo de linguagem lisonjeira que Caio Papírio, outro dia, se esforçou para agradar aos ouvidos do povo reunido, ao propor sua lei para tornar os tribunos reelegíveis. Eu falei contra ela. Mas vou deixar de lado a questão pessoal. Prefiro falar de Cipião. Deus do céu! Quão impressionante era seu discurso, que majestade havia nele! Você o teria aclamado, sem hesitação, por não ser um mero capanga do povo romano, mas seu líder. Porém, você estava lá e, além disso, tem o discurso em mãos. O resultado foi que uma lei destinada a agradar ao povo foi rejeitada pelos votos do próprio povo. Mais uma vez para me referir a

---

[17] Gnathos era uma personagem da obra do século II a.C. "O Eunuco", de Públio Terêncio Afer, que era um parasita do valente soldado Thraso, que concordava com qualquer coisa que esse dissesse, na esperança de ser convidado para jantar em sua companhia. (N.T.)

mim mesmo, você lembra o quão aparentemente popular era a lei proposta por Caio Licínio Crasso "sobre a eleição para o Colégio dos Sacerdotes" no consulado de Quinto Máximo, irmão de Cipião, e Lúcio Mancínio. Pois o poder de preencher as próprias vagas por parte dos colégios deveria, por esta proposta, ser transferido para o povo. Foi esse homem, aliás, que começou a prática de se voltar para o fórum ao se dirigir ao povo. Apesar disso, porém, sobre a minha fala a respeito do lado conservador, a religião obteve uma vitória fácil sobre seu discurso plausível. Isto aconteceu na minha própria pretoria, cinco anos antes de ser eleito cônsul, o que mostra que a causa foi mantida com sucesso, mais pelo mérito da própria causa do que pelo prestígio do cargo mais alto.

26.

Agora, se em um palco, como uma assembleia pública essencialmente o é, onde há o mais amplo espaço para a ficção e meias-verdades, a verdade prevalecerá se for aberta e trazida à luz do dia; o que, então, deveria acontecer no caso da amizade, que depende inteiramente da veracidade? Uma amizade, na qual, a menos que ambos tenham o peito aberto, para usar uma expressão comum, não se pode confiar nem ter certeza de nada; não, nem mesmo do afeto mútuo, já que não se pode ter certeza de sua sinceridade. No entanto, essa lisonja, por mais prejudicial que seja, não pode ferir a ninguém mais do que àquele que a aceita e gosta dela. E segue-se que o homem que mais abre seus ouvidos aos bajuladores é aquele que primeiro se bajula e gosta de si mesmo. Admito que a virtude ama a si mesma, naturalmente; pois ela se conhece e percebe o quão digna de amor ela é. Mas não estou falando agora de virtude absoluta, mas da crença que os homens têm de a possuírem. O fato é que menos pessoas são dotadas de virtude do que as que desejam ser consideradas virtuosas. São essas pessoas que se deleitam com a bajulação. Quando são abordados com uma linguagem expressamente adaptada para lisonjear sua vaidade, eles olham para tal gracejo vazio como um testemunho da verdade de seus próprios louvores. Portanto, não é propriamente amizade, quando um não está preparado para a escuta verdadeira e o outro está preparado para mentir. Nem o servilismo dos parasitas da comédia teria parecido engraçado para nós, se não existissem tais coisas como capitães fanfarrões. "Thais é realmente muito grato a mim?" Teria sido o suficiente responder apenas com "Muito", mas ele precisa dizer "Imensamente". Seu servil adulador sempre exagera no que sua vítima deseja que seja colocado com firmeza. Portanto, embora para aqueles que a agarram e a adotam, essa falsidade lisonjeira seja especialmente poderosa, ainda assim até os homens de caráter mais sólido e estável devem ser advertidos a serem vigilantes contra o engano das lisonjas disfarçadas astuciosamente. Qualquer um pode detectar um adulador descarado, a menos que seja um tolo absoluto, é contra a insinuação dissimulada do astuto e do esperto que devemos estar cuidadosamente em guarda. Sua detecção não é, de forma alguma, a coisa mais fácil do mundo, pois muitas vezes ele encobre seu servilismo sob o disfarce da contradição, lisonjeia fingindo contestar e, então, cede por fim e se permite ser derrotado, de modo que a pessoa enganada pode pensar que foi a mais perspicaz. Ora, o que pode ser mais degradante do que ser assim enganado? Você deve estar atento para que isso aconteça com você, como aconteceu com o homem na Herdeira:

> *Como fui enganado! Nenhum idiota caduco*
> *Em qualquer palco, foi tão facilmente manipulado.*

Pois, mesmo nos palcos, não temos representação mais grosseira da loucura do que a de velhos crédulos e míopes. Mas, de uma forma ou de outra, me afastei da amizade dos perfeitos, isto é, dos "sábios" (significando, é claro, a "sabedoria" de que a natureza humana é capaz), para o assunto das amizades vulgares e insubstanciais. Voltemos então ao nosso tema original e, finalmente, o levemos também a uma conclusão.

27.

Pois bem, Fânio e Múcio, repito o que disse antes. É a virtude, a virtude que cria e preserva a amizade. Dela depende a harmonia de interesse, a permanência e a fidelidade. Quando a virtude ergue sua cabeça e mostra a luz de seu semblante, e vê e reconhece a mesma luz em outro, ela gravita em sua direção, e dá as boas-vindas àquilo que o outro tem a mostrar; e dela brota uma chama que você pode chamar como quiser, de amor ou amizade. Ambas as palavras têm a mesma raiz em latim; e o amor é apenas o apego àquele que você ama, sem a urgência da necessidade ou qualquer vislumbre de vantagem, embora esta floresça espontaneamente na amizade, por pouco que você possa ter imaginado. É com tanto calor de sentimento que estimei Lúcio Paulo, Marco Catão, Caio Galo, Públio Násica, Tibério Graco, sogro do meu querido Cipião. Ela brilha com um calor ainda maior quando os homens têm a mesma idade, como no caso de Cipião e Lúcio Fúrio, Públio Rupílio, Espúrio Múmio e eu. Ao contrário, na minha velhice encontro conforto no afeto dos jovens, como no caso de vocês e Quinto Tubero: mais ainda, deleito-me com a intimidade de um homem tão jovem como Públio Rutílio e Aulo Vergínio. E já que a lei da nossa natureza e da nossa vida é que uma nova geração está sempre surgindo, o mais desejável é que junto com seus contemporâneos, com quem você começou a corrida, você também possa ensinar qual é a meta para nós. Mas, em vista da instabilidade e perecibilidade das coisas mortais, devemos estar continuamente à procura de alguns para amar e por quem ser amados; pois se perdermos o afeto e a bondade de nossa vida, perderemos tudo o que lhe dá charme. Para mim, de fato, embora arrancado por um derrame repentino, Cipião ainda vive e sempre viverá. Pois era a virtude do homem que eu amava, e isso não sofreu com a morte. E não são só os meus olhos, porque em toda a minha vida eu tive experiências pessoais sobre isso, que nunca a perdi de vista: brilhará também para a posteridade com glória intacta. Ninguém jamais alimentará uma ambição mais nobre ou uma esperança mais elevada sem pensar que sua memória e sua imagem são o melhor para colocar diante de seus olhos. Declaro que, de todas as bênçãos que o destino ou a natureza me concederam, não conheço nenhuma que se compare à amizade de Cipião. Nele encontrei a simpatia diante do público, um advogado para meus negócios privados; nele também encontrei um meio de gastar meu lazer com puro deleite. Nunca, até onde sei, eu o ofendi, mesmo em um ponto mais trivial; nunca ouvi uma palavra dele que eu pudesse desejar não ter sido dita. Tínhamos uma casa, uma mesa, um estilo de vida; e não apenas estávamos juntos a serviço no estrangeiro, mas também em nossas viagens e estadias pelo nosso país. Por que falar da nossa ânsia de estar sempre adquirindo algum conhecimento, de estar sempre aprendendo algo, em que passamos todas as nossas horas de lazer longe do olhar do mundo? Se a lembrança e a memória dessas coisas tivessem morrido com o homem, eu não poderia ter suportado o arrependimento por alguém tão intimamente unido a mim na vida e no afeto. Mas essas coisas não pereceram; elas são bastante alimentadas e fortalecidas pela reflexão e pela lembrança. Mesmo supondo que eu tivesse ficado totalmente privado delas, ainda assim meu tempo de vida por si só me traz um grande consolo: pois não posso ter muito mais tempo agora para suportar esse arrependimento; e tudo que é breve deve ser suportável, por mais severo que seja.

Isso é tudo que tenho a dizer sobre amizade. Um conselho na hora dessa despedida. Decidam-se sempre por ela: a virtude (sem a qual a amizade é impossível) vem em primeiro lugar; mas ao lado dela, e somente dela, a maior de todas as coisas é a amizade.

FIM